円高の正体

安達誠司

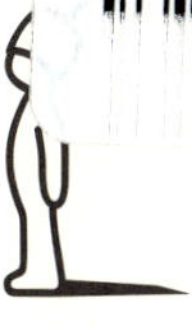

光文社新書

あと、28・8兆円——

はじめに

現在、日本は深刻な円高状態が続いています。

長引く不況、逼迫《ひっぱく》する財政状況に加えて東日本大震災の影響――。今の日本にはあまり好材料が見当たらないというのに、ドルが売られ、円が買われる、という状況が続いているのです。

なぜ、このようなことが起きるのでしょうか。

これまでいろいろなことが言われてきましたが、私は、円高基調が続く原因は実にシンプルなことだと考えています。本書では、その「シンプルな原因」を明らかにするとともに、私がなぜその結論にたどり着いたかについて、くわしくお話しししていきます。

まず第1章では、「為替レートは1ドル＝78円」という場合の「為替レート」とは何か、について、基本的なことを中心にお話しします。

続く第2章では、「1ドル78円から76円の円高」という場合の「円高」ならびに「円安」とは何か、これも基本的なことを中心に解説します。

第3章では、為替や円高・円安について、日本で誤った知識や言説が流布《るふ》されている実態を指摘し、それに対して、正しい知識や言説とはどんなことかについて明らかにしていきます。

第4章では、第3章までにお話ししてきたことを踏まえ、為替レートの今後の動きを予測する方法について述べます。

第5章では、ドル/円レートはいったい何によって動くのか、ということについてお話ししていきます。

最終章となる第6章では、なぜ円高になってしまうのか、さらに円高が招くデフレの結果、何が起きるのか、ということを中心にお話ししていきます。

最終章で、「円高の正体」、そして「デフレの〝真の〟正体」が明らかになります。最後まで読み通していただけたら、本書の巻頭に載せた「あと、28・8兆円——」の意味もご理解いただけるかと思います。

日本経済は円高によって苦しみつづけ、もはや一刻の猶予《ゆうよ》もない状況にまで追いつめられています。本書をお読みになった方が、問題の所在をはっきりと認識し、円高阻止のため声を挙げていただくきっかけになれば、著者として望外の喜びです。

平成23年師走

安達誠司

目次

の の……／「強い円」志向説／円高になったら対ドルベースでGDPが増加する？／通貨暴落のトラウマ説／為替介入とは／通貨アタック、通貨危機、そしてヘッジファンド／イギリスがユーロに参加していない理由／不整合な三角関係／通貨の総量と為替レートの関係／なぜ金融引き締めを行なえなかったのか？／為替介入は小手先の政策？／通貨危機は変動相場制の国では起こらない／通貨アタックは起こるのか？／キャピタル・フライトは起こるのか？／1ドル＝200円になったら……／日本の財政赤字が増えつづける一因／「円高不況は乗り越えられる」という精神論／専門家の意見を無批判に垂れ流すメディア

円高とともに進行するデフレ／モノの値段が下がるだけではない／不況とデフレ／デフレスパイラル／「デフレの正体」の正体／デフレが引き起こす円高／経済成長は可能か／デフレの克服／少なすぎるマネタリーベース／あと28・8兆円追加すれば……／「量的緩和はデフレ脱却には無効」説／昭和恐慌からの脱出／日銀総裁の絶大なる権限／極めて単純な結論

編集協力／スタジオビビ
図版作成／デマンド
図版協力／清水彬光

第1章　為替とは何か？

為替取引・外国為替市場とは

ニュースなどで日々報じられる「1ドル＝××円」といった為替レートの動きは、国家単位の経済の動きに大きな影響を与えますし、ひいては個人の生活にも大きく影響します。もしあなたがＦＸ取引（外国為替証拠金取引）や外貨預金などの為替取引を行なっているとしたら、それこそ為替の影響をモロに受けることになります。

本章では、円高の具体的な話に入る前に、一般の方々が知っておくべき為替の話をわかりやすく、かつ端的に説明していきます。ここでは、基本に立ち返り「そもそも為替とは何か?」というお話をしていくことにしましょう。はじめは入門書的な内容になりますが、どうぞお付き合いください。

「為替」という言葉はもともと、なにかの取引で金銭的なやりとりが生じた場合に、現金を直接輸送することなく、金融機関の仲介機能を通して金銭のやりとりをするしくみのことを指していました。語源としては、やりとりの約束を〝かわす（為替《かわ》す）〟ことからそう呼ばれています。

現代では、一般的に「為替取引」と言えば、外国為替取引のことを意味します。これは、海外との商品の輸出入や、海外の証券（株や国債など）に投資する場合などに生じる金銭的なやりとりのことです。

たとえば、日本国内に住んでいる日本人が、アメリカで売っている商品や証券を買う場合、日本の円でその代金を支払おうとしても、断られてしまうでしょう。ですから、まずは自分が持っている日本円を、アメリカのドルに換える必要があります。この時に生じる〝円とドルを交換する取引〟が、外国為替取引です。

外国為替取引では、売り手と買い手が直接円やドル紙幣を輸送して交換を行なうことは現実的ではありませんから、金融機関の仲介機能を通じて、円とドルの交換を行なうことになります。

外国為替市場（外為市場《がいためしじょう》）とは、この〝異なる通貨どうしを交換するやりとり〟が行なわれている取引全体のことを指しています。市場《しじょう》とはいっても、野菜の市場《いちば》や、魚市場《うおいちば》のように、人々が実際に集まって売買を行なっているような具体的な場所があるわけではありません。為替取引をしたい人々は、金融機関が提供するコンピュータなどで結ばれたネットワークシステムを使って、外貨の交換を行なっています。このネットワークのことを総称して、外国為替市場と呼んでいるのです。

為替レートとは

円をドルに交換する時に、「1円を何ドルに交換するのか?」という円とドルの交換比率(交換レート)が、為替レートと呼ばれるものです。

ニュースなどで、「東京外国為替市場、本日の終値《おわりね》は1ドル=77円でした」などと報道されている「1ドル=77円」という数字が、その日取引された「円とドルの交換比率」――すなわち「為替レート」を表しているというわけです。

外国為替市場では日々、さまざまなプレイヤー(取引に参加する人々)によって取引が行なわれています。主なプレイヤーは、機関投資家(銀行、生命・損害保険会社、年金基金、投資信託会社)や一般の企業、個人投資家といった顔ぶれです。中でも機関投資家は、取引量が多いため、為替相場の動向に大きな影響を与えています。

それでは、今挙げた為替取引の主なプレイヤー「機関投資家」「一般の企業」「個人投資家」がそれぞれ、どのようなかたちで、またどういった目的で為替取引を行なっているかを明らかにしていくことにしましょう。

銀行が為替取引を行なう理由

まずは、機関投資家のひとつ、銀行からです。銀行は、大きく分けて次の２つの理由から、日々、為替取引を行なっています。

１つめは、顧客（一般の企業や個人）との為替取引を通して、手数料収入が得られるという理由です。そのしくみはこうです。

たとえばあなたが、アメリカを旅行するとします。出発前、あなたは銀行に行って手持ちの日本円をドルに交換します。この時の交換が、あなたと銀行との間で生じた為替取引です。仮に銀行であなたが１万円を支払い、80ドルに換金できたとしましょう。この時あなたは、１万円と80ドルをそのまま交換できたと考えているかもしれません。しかし、実はそうではないのです。あなたが支払った１万円の中には、為替取引の際に生じた銀行への手数料が含まれているのです。

具体的に言うと、私たちが銀行で１ドルを換金するごとに、３円程度の手数料が銀行によって引かれています。銀行は、この手数料収入を得る目的で、私たちのような個人や、一般の企業との為替取引を行なっているのです。

銀行が為替取引を行なう理由の２つめは、銀行自体が主体となり、銀行の自己資金を使って為替取引を行なうことによって、為替差益（キャピタルゲイン）を得ようとする、というものです。為替差益とは、為替レートが日々変動していることを利用して手に入れる利益のことを指します。

たとえば、ある銀行が、

1.「1ドル＝100円」の時に、手持ちの100円を1ドルに交換しておいて、
2.為替レートが「1ドル＝120円」に変動した際に、その1ドルを逆に、円に交換した。

という取引のことを考えてみましょう。

銀行は、為替が「1ドル＝100円」だった時に円をドルに交換し、為替が「1ドル＝120円」になった時に、ドルを円に交換したので、結果、120円を手に入れることができました。つまり、円とドルの交換によって、差し引き20円分儲かることになるのです。これはこの銀行が、為替の変動を利用して、100円の元手を120円にまで増やしたということを意味しています。この20円の儲けが、為替差益です。

とはいえ、為替レートが実際にどう動くかは正確にはわかりません（為替レートの動きについては、あとでくわしくお話しします）。もしこの時、為替レートが、「１ドル＝１００円」から「１ドル＝80円」に変動していたとしたら、１００円の元手は80円に減り、銀行は差し引き20円の損を被《こうむ》ることになるわけです。この為替レートの変動によって生じる損は、為替差損（キャピタルロス）と呼ばれています。

各銀行は日々、為替差益を狙い、自己資金を使って為替取引を行なっています。これをディーリングと言います。ちなみに銀行は、ディーリングを他の銀行とのやりとりを通して行なっています。この銀行間の取引市場のことをインターバンク市場（銀行などの金融機関どうしが、資金の運用と調達を行なう場）と呼びます。

以上のように、銀行は主に、顧客からの手数料収入を狙った為替取引と、為替差益を狙ったディーリングという、２種類の為替取引を日々行なっています。ただし実は、銀行の為替取引はほとんど、ディーリングによる為替差益を得る目的で行なわれています。割合としては、手数料収入を得るための為替取引は微々《びび》たるものでしょう。

１と２は、個人が、金融機関の口座を通して換金する時のレートです。

次に、個人が、銀行の窓口に行って、円とドルの交換を現金で行なう場合のレートを見てみましょう。

３．現金売相場

通常、１ドルの交換ごとに、対顧客電信売相場（TTS）に加え、銀行の手数料２円を上乗せするのが一般的です。つまり、１ドルの交換ごとに３円程度の手数料を銀行に支払っていることになるわけです。

４．現金買相場

１ドルの交換ごとに、対顧客電信買相場（TTB）から、２円引くのが一般的です。

【コラム１――なぜ、ニュースの為替レートと、銀行の換金レートは違っているのか？】

あなたは、海外旅行に出かける前、銀行で円とドルの換金を行なう際に、「ニュースで報じられている為替レートと違う」ということに気づいた経験があるかもしれません。実際、ニュースで報じられる為替レートと、銀行で換金する時のレートは微妙にズレています。このコラムでは、それがなぜかということについて考えてみましょう。

実は、ニュースで日々報じられている「１ドル＝77円」といった為替レートは、19ページで説明したインターバンク市場（銀行間取引市場）に限ったレートのことを指しています。

対して、個人が銀行の窓口で外貨の両替をする場合などに適用されるレートは、個人向けレートといい、インターバンク市場での為替レートに、いくばくかの手数料を上乗せしたレートになっています。

個人向けレートは、次の４つに分けられます。

１．対顧客電信売相場（TTS）

外貨預金をする際や海外に送金する際に、円をドルに交換する時のレートです。その日の午前10時時点のインターバンク市場でのレート（仲値）に、１ドルごとに銀行の手数料１円を上乗せするのが一般的です。

２．対顧客電信買相場（TTB）

外貨預金が満期を迎えた時や、海外から送金されてきたドルを円に交換する時に適用されるレートです。通常、仲値から１ドルごとに１円引くのが一般的です。

生保・損保、年金基金が為替取引を行なう理由

次に、機関投資家の中でも、生保・損保などの保険会社や年金基金（国民年金基金などの年金基金を運用する団体）が、なぜ為替取引を行なっているのかについて考えましょう。

生保・損保や年金基金は、あなたから保険料や年金の掛金を預かり、それを運用して資金を増やし、その一部を、給付金や年金としてあなたに還元しています。彼らは、資金の運用先の一つとして外国為替市場を選択しているのです。

その際、為替レートの変動を利用した為替差益を狙っているので、目的は銀行と同じです。

投資信託会社や個人投資家が為替取引を行なう理由

次に、投資信託会社や個人投資家についてです。言うまでもないかもしれませんが、これらのプレイヤーもやはり為替差益を狙って、為替取引を行なっています。

投資信託会社は、顧客から資金を集め、それを元手に、株式や債券、不動産などに投資して、資金を運用しています。その運用益の一部を、顧客に配当として還元しているわけです。その運用先の一つが、外国為替市場ということになります。投資信託会社は、多くの顧客から資金を集めて多額の運用を行なうため、外為市場に大きな影響を与える存在と言えます。

一方、個人投資家も外貨預金やＦＸ取引などを通し、為替差益を狙って外国為替市場での運用を行なっています。ただし、個人投資家の資金量は、外為市場全体の中では小さく、影響は少ないと言われています。

一般の企業が為替取引を行なう理由

トヨタのような、海外との間で自動車などの製品の輸出入を行なっている一般の企業も外為市場におけるプレイヤーの一つです。彼らはなんのために為替取引を行なっているのでしょうか？

トヨタのような自動車メーカーを例にとって考えてみましょう。仮にＡ社とします。

Ａ社は基本的に、日本で自動車をつくって国内で売るのと同時に、アメリカにも自動車を売っている（輸出している）企業です。ただ、この場合単純化して考えるために、Ａ社がアメリカ国内に自社工場を建て、アメリカで自動車をつくり、アメリカ国内で売っているという側面は、ないものとして考えることにします。

Ａ社が、アメリカに自動車を輸出した場合、アメリカの消費者は、その自動車を購入する代金を、ドルでＡ社に支払うことになります。ここに、Ａ社が為替取引を行なわなければならない理由があるのです。

なぜなら、A社はアメリカの消費者から得たドルを日本円に換金しなければ、日本の従業員に給料が払えませんし、日本国内のA社の関連企業にも、部品などを購入した際の代金の支払いができないからです。あなたがA社の従業員だったとして、給料がいきなりドルで支払われたら困りますよね。

そしてここで、A社がアメリカで手に入れたドルを、いつ日本円に換金するかが大きな問題になってきます。なぜならそこには、為替リスクが存在するからです。為替リスクとは、為替レートが変動することによって損失が生じるリスクのことです。

仮にA社がある時、アメリカで1万ドルの売り上げがあったとしましょう。そして為替レートは当初「1ドル＝100円」だったとします。この時すぐに、1万ドルを日本円に換金しておけば、A社は100万円の売り上げをあげたことになります。

しかし、もしA社が、この1万ドルをうっかり日本円に換金するのを忘れている間に、為替レートが「1ドル＝80円」に変動したらどうでしょうか。しかも、ちょうどこの時、従業員への給料の支払いが迫っていたら……。

そこで、やむをえず、「1ドル＝80円」の時に1万ドルをすべて日本円に換金しました。

その際得たのは80万円――。

考えてみて下さい。「1ドル＝１００円」の時に換金しておけば、１００万円の売り上げだったところが、「1ドル＝80円」に為替レートが変動したことで、80万円にまで売り上げが減ってしまったのです。これが、為替リスクです。

こうしたことを防ぐため、実際には、A社のような企業は、先物為替予約という特別な為替取引の手法を使って、この為替リスクを最小限に抑えるよう行動しています（先物為替予約の説明は27ページのコラム2でお話しします）。

いずれにしても、一般の企業も、為替レートの変動による為替差損を最小にするよう、裏返せば、為替差益を最大にするよう行動しているというわけです。

投機と実需

ここで一度まとめておきましょう。為替市場に参加するプレイヤーは、銀行や生保・損保、年金基金、投資信託会社、個人投資家などでした。そのほとんどが、キャピタルゲイン（為替差益）を狙った運用目的で為替取引をしています。

この為替差益を狙った為替取引は「投機」と呼ばれ、それ以外の、経済取引の裏付けがあ企業はこの契約によって、代金の受け払いの時期に為替レートがどう変動していようとも、最初に決めた為替レートで代金の受け払いができるため、リスクをヘッジすることができるのです。

ちなみに、為替取引の現場では、一般のニュースで報じられる為替レート（インターバンク市場での為替レート）を「直物レート（スポット・レート）」、為替予約におけるレートのことを「先物レート（フォワード・レート）」と呼んでいます。企業のこのリスクヘッジの方法を、「先物為替予約」と呼ぶのは、このためです。

ただし、企業がいったん先物為替予約を銀行と取り交わしたら、その後為替レートが自社に有利な方向に変動したとしても、原則的に契約したレートで取引を行なわなければなりません。そのため、為替レートの動き次第によっては、為替予約をしなかったほうがトクになるというケースも当然出てきます。それでも企業は、為替リスクをヘッジしたほうが安定的に経営できると考え、為替予約を行なっているのです。

【コラム２──先物為替予約とは何か？】

一般に、企業が輸出入を行なう場合、売買の契約をしてから、海外の取引先との間で代金を実際に受け払いするまでにはタイムラグがあります。これは通常の契約でも、契約してから実際に代金が入金されるまでには、月末締めの翌月末払いといったかたちでズレがあることと同じです。そのため企業は輸出入をする場合、常に契約と代金の出入金の間に為替レートが大きく変動してしまうというリスク（為替リスク）にさらされています。

そこで、多くの企業は為替リスクをヘッジ（回避）するために、「先物為替予約（為替予約）」という方法をとっています。

先物為替予約とはかんたんに言うと、２ヵ月後、４ヵ月後といった一定期間後に、あらかじめ契約によって決めた為替レートで円とドルを交換しますよ、という予約（契約）を取引先銀行と結んでおくものです。

る為替取引（先ほどA社の例で見たような輸出入の取引や、個人が海外旅行に行く時に発生する為替取引など）は「実需」と呼ばれています。

そして実際の外為市場では、前者の取引のほうが圧倒的に多いのです。日本の大手外国為替ブローカー（インターバンク市場の仲介取引業者）である上田ハーローの発表では、実需は1〜2割にすぎず、残りの8〜9割が投機とされています（http://www.uedaharlowfx.jp/learning/politics/）。

ここからわかることは、プレイヤーは、儲ける可能性がある（もしくは損をしない）ために、為替取引を行なっているということに他なりません。

「神の見えざる手」

では、ここからは、なぜ為替レートが変動するのかについて、基本的なことをお話しします。

為替レートが動くのは、短期的には、為替取引に関わっている各プレイヤーがそれぞれに思惑を抱《いだ》き、その思惑に基づいてさまざまな行動を起こすためです。

為替レートの世界において、プレイヤーは自分が「こうすれば儲かる」と思う方向に向けて経済活動に励みます。経済学の世界では、プレイヤーのこの経済活動を促す誘因のことを「インセンティブ」と呼びます。さまざまなプレイヤーが、さまざまな見立てをし、インセンティブに従って行動することで、実際の為替も動いていくことになります。

ただし、為替レートは、長い目で見ると、基本的にはある方向に向かい、一定の法則で動いていています。経済学の父と呼ばれるイギリスの経済学者アダム・スミスは、個々人が一見それぞれのインセンティブに従ってバラバラに動いても、不思議なことに、経済はある「法則」に導かれ、一定の方向に動いていくことを、「神の見えざる手」という言葉を使って表現しましたが、為替市場に参加するすべてのプレイヤーも、ある「神の見えざる手」に導かれて動いているように思えます。

つまり為替は、長期的には、一定の法則で動くと考えられますが、実際のプレイヤーにはさまざまな思惑があるため、短期的には、その法則から上振れもするし、下振れもすることがあるということです。

ここでいう、ある「神の見えざる手」の話は第４章で触れるとして、ここでは、「神の見えざる手」に導かれたプレイヤーが、どう行動した結果、実際に為替がどう動くか（上振れするか・下振れするか）を見ていきましょう。

外為市場では、ドル／円レートで言うと、ドルを売りたい人がドルを買いたい人よりも多ければ、ドルはどんどん売られることになります。逆に、ドルを買いたい人がドルを売りたい人よりも多ければ、ドルはどんどん買われることになります。

ここでは、「ドルを売りたい人の数のほうが多い場合」を想定して、為替レートがどう動くかを考えてみます。

ドルを売りたい人の数のほうが市場全体に多い場合、通常であれば、人はドルを売る行動（ドル売り）に走るはずです。そしてその対価として、円を買うことになるでしょう（円買い）。

それは、ドルを売る人が多くなれば多くなるほど、ドルの値段はどんどん下がっていくからです（逆に、円が買われるため、円の値段はどんどん上がっていきます）。ドルの値段が下がるというのはつまり、最初「1ドル＝100円」だった為替が、「1ドル＝90円」さらに「1ドル＝80円」という方向に値段が動いていくことを意味します。「ドルの値段が下がる」というのは、端的に言うと、「1ドルの値段が下がる」ということなのです。

このしくみはスーパーなどで売られている商品と同じです。買う人の少ない商品は、どんどん値下げされますね。ドルという通貨も、いわばひとつの「商品」ですから、買う人が少なくなれば（＝売る人が多くなれば）、どんどんドルの価値が下がっていくというわけです。

　この場合、1ドルの値段が100円から、90円、80円とだんだんと下がっていったわけですから、誰でも値段が下がるものを持ち続けようとは思わないでしょう。持ちつづけているだけで、損失（為替差損）が増していくからです。ですから、値段が下がる前に手放そう（売ろう）と考えるのは、しごく当然のことと言えます。

　ただし、ドルの値段の低下に、どの時点で気づくか――もしくは確信するか――は各プレイヤーによって違います。仮にBさんが「1ドル＝100円」の時に「ドルの値段は今後下がる」と思えば、その時点でドルを売り、Cさんは「1ドル＝90円」の時に「ドルの値段はまだまだ下がるだろう」と思えば、その時点でドルを売るでしょう。

　しかし、その一方で、それぞれの時点で「いやいや、ドルの値段は今後上がるよ」と考え、ドルを買っている人も大勢いるということです。

　問題は、その時点で、ドルを売る人が多いか、逆にドルを買う人が多いか、ということです。仮に、外為市場全体で「今後ドルの値段は下がる」と思っている人が多く、実際にどんどんドルの値段が下がっている状態であるとして、この問題を考えてみましょう。

　この時、もしあなたが「いや、今後ドルの値段は上がる」と予想してドルを買い入れていたとしたら、それはあなたの判断が間違いだったことになります。ドルの値段が下がれば下がるほど損をしてしまうことになるからです。そうならないためには、あなたは、「みんなはどう考えているか？（この場合は、「みんなは〝ドルの値段が下がる〟と考えているだろう」）」と予想しながら、（多くの人と同じく）ドルを売るという行動に出ることです。

結果、「ドルの値段は今後下がる」と考える人が多ければ多いほど、そしてドルを売る人が多ければ多いほど、実際にドルの値段はどんどん下がっていくことになります。

もちろん、これとは逆に「ドルの値段は今後上がる」と考える人が多ければ多いほど、そしてドルを買う人が多ければ多いほど、実際にドルの値段はどんどん上がっていきます。

ややこしくなってきたので、一度まとめておきましょう。

《「ドルの値段は今後下がる」と多くのプレイヤーが考えている時》

ドルが売られる→ドルの値段は下がる

（例）「1ドル＝100円→90円→80円」方向に推移

《「ドルの値段は今後上がる」と多くのプレイヤーが考えている時》

ドルが買われる→ドルの値段が上がる

(例)「1ドル=100円→110円→120円」方向に推移

ドルの値段、つまり為替レートは、右に述べてきた理由から日々変動しているというわけです。

なぜプレイヤーはそう予想したのか

結論はそういうことですが、ここで忘れてはならない大切なことがあります。

それは、「大勢のプレイヤーが〝こうすれば儲けることができる〟という思惑に従って、為替での運用を行なっている」ということ、そしてこの時「なぜ、各プレイヤーが〝今後ドルの値段は下がる（もしくは上がる）〟と予想したのか」ということです。

「今後ドルの値段は下がる」と予想した理由は、人それぞれ違うでしょう。しかし、為替取引に関わっているすべてのプレイヤーは、先ほど触れた、ある「神の見えざる手」に動かされています。各プレイヤーは、個人の判断で好き勝手に動いているように見えますが、実はそうではない、ということが言えるのです。

プレイヤーを動かす「神の見えざる手」の正体を明らかにすることは、すなわち本書のタイトルでもある『円高の正体』を明らかにすることにつながるのですが、ここでは、この程度の記述に留《とど》めておきましょう。

第2章　円高・円安とは何か？

「円高」と「ドル安」、「円安」と「ドル高」はそれぞれ１セット

よくニュースで「円高」や「円安」、もしくは「ドル高」「ドル安」といった言葉を耳にしますね。でも、そのしくみや、それらが経済全体に与える影響についてくわしく説明してください、と言われたら、ちょっと困るかもしれません。

そこでここでは、「円高・円安」「ドル高・ドル安」とはいったい何かについて、一度確認しておきましょう。

前章で、１ドル＝○○円という、ドルと円との交換比率、すなわち為替レートについて述べました。「本日の東京外国為替市場は、１ドル＝78円から75円に動きました」とニュースで報じられた場合、「ドルの値段が３円下がって、円の値段が３円上がった」のだ、ということまではご理解いただけたかと思います。

この「円が値上がりした」、言い換えると「円の価値が上がった」状況というのが、すなわち円高です。逆に見て、「ドルが値下がりした」、言い換えると「ドルの価値が下がった」という状況がドル安です。「１ドル＝78円から75円に動いた」ということは、３円円高になり、３円ドル安になったということです。

まとめると、１ドル＝78円から75円への為替レートの変化は、ドルの価値が下がると同時

に円の価値が上がる「円高・ドル安」が起こった状態というわけです。

一方、「円安・ドル高」というのは、反対に、１ドル＝75円から78円に為替レートが動くことです。すなわち、「ドルの値段（価値）が３円上がって、円の値段（価値）が３円下がった」という状況で、３円ドル高になったと同時に３円円安になったということです。

このように、「円高」と「ドル安」、あるいは「円安」と「ドル高」は同時に起こることから、ニュースなどではセットで報じられます。

【結論】
「１ドル＝78円」から「１ドル＝75円」方向への変動：円高・ドル安
「１ドル＝75円」から「１ドル＝78円」方向への変動：円安・ドル高

良い円高・悪い円高？

最近ニュースなどで、「円高になって経営が苦しい」とか「円高のおかげで海外旅行者が増えた」ということがよく言われています。いったい、円高は良いことなのでしょうか？それとも悪いことなのでしょうか？

実は、この項の「良い円高・悪い円高?」というタイトルは、野村総合研究所の未来創発センター主席研究員リチャード・クー氏が1994年に著した『良い円高　悪い円高』(東洋経済新報社)をもじってつけたものです。

当時、クー氏はこの本の中で「円高には、良い円高と悪い円高がある」という論を展開し、大きな反響を呼びました。当時のニュースでも「良い円高・悪い円高」という言葉が頻繁に取り上げられていたので、記憶に残っている方も多いのではないでしょうか。

実際はどうなのか、詳細に見ていくことにしましょう。

「円高の善悪」を考えるにあたって、最も大切なのは「それは誰にとってのことか?」という視点です。なぜなら、円高や円安の影響は、個人や企業が置かれている立場によって変わってくるからです。

まず、消費者の立場から考えてみましょう。ここでは、①国内で買い物をする一般の消費者(おもに主婦を想定)、②海外旅行に行く人、に分類して、為替の変動がそれぞれに日々どう影響しているのかを比較してみます。

消費者にとっての円高

①　一般の主婦

まず、「一般の主婦がスーパーマーケットや百貨店で買い物をする場合」を想定して考えてみましょう。

現在、日本国内の百貨店やスーパーマーケットで売られている商品には、輸入品が多くあります。代表的なものは食料品や衣料品で、たとえば牛肉がオーストラリア産やアメリカ産だったり、衣料品の多くが中国製だったりします。そのため、これらを買い求める主婦は、円高の影響を大きく受けることになります。

ここで、アメリカで１ドルで売られているお菓子を、日本に輸入してくることを考えます。この時、１ドル＝78円の為替レートが１ドル＝75円に変動するとします。その場合、為替レートの変動は、買い物にどんな影響を及ぼすでしょうか（ここでは、シンプルに考えるため、輸送費など輸入にかかるコストは考えないものとし、百貨店やスーパーが為替レートの変動をすぐにお菓子の価格に転嫁《てんか》するものとして考えます）。

【「１ドル＝78円」の時】

お菓子は78円で買える。

【「1ドル＝75円」の円高が起こったら】

同じお菓子が75円で買える。

ということが起こります。

ここから導かれるのは、以下のような結論です。

【結論】
日本国内の百貨店やスーパーで買い物をしている主婦にとって、(他の条件を一定とすれば）円高はおトク。

最近、新聞の折り込みチラシや、街角の看板などで多く見られるようになった「円高還元セール」というのは、円高による輸入品の価格低下を商品価格に反映したセールのことなのです。

②　海外旅行に行く人

次に、海外旅行に行く人にとっての円高の影響について見ていきましょう。ここでは、アメリカに旅行する場合を想定します。

1ドル＝78円から1ドル＝75円へと3円の円高が起こった時、アメリカを旅行する人にとって、これは良いことでしょうか、それとも悪いことでしょうか。

結論から言うと、「良いこと」です。

なぜかと言うと、円高が起こる前の「1ドル＝78円」だった時、「アメリカで1000ドル分の買い物をしよう」と思ったとしたら、円をドルと交換するためには、7万8000円を準備することになります。つまりこの時、アメリカで1000ドルの買い物をするということは、7万8000円使っているのと同じことと言えます。

一方、円高が起こり「1ドル＝75円」になると、同じく「アメリカで1000ドル分の買い物をしよう」と思ったとしたら、円をドルと交換するためには、7万5000円を準備することになります。つまりこの時、アメリカで1000ドルの買い物をするということは、7万5000円使っているのと同じことと言えます。

まとめてみましょう。

【「1ドル＝78円」の時】

1000ドル分の買い物をするのに、7万8000円を支払う。

【「1ドル＝75円」の円高が起こったら】

1000ドル分の買い物をするのに、7万5000円を支払う。

このように、同じ1000ドル分の買い物をするのに、3円円高になると、3000円分トクをしていることになるのです。

【結論】
海外旅行に行く人にとって、（他の条件を一定とすれば）円高はおトク。

逆に考えると、円安は海外旅行者にとっては厳しいということになります。
このことは、海外旅行ブームの歴史をたどればわかります。
第一次海外旅行ブームは、1965年に起こりました。この時のブームは、前年の海外旅行自由化の影響を受けたことによるものです。それまで、政府の許可を受けた一部の人しか海外旅行ができなかったのが、制約はあるものの一般の人でも自由に海外旅行ができるようになったのです。

為替レートが海外旅行に大きく関係するようになったのは、72年の第二次海外旅行ブームの時です。この年、海外への年間渡航者数がはじめて１００万人を超えます。その背景にあったのは、71年12月のスミソニアン合意です。スミソニアン合意とは、当時の主要10ヵ国の蔵相（現在の財務相）がワシントンのスミソニアン博物館に集まって行なわれた会議での取り決めです。

このとき、長年「1ドル＝３６０円」に固定されていたドル／円レートを変更することが決まりました。その結果、73年２月まで、「1ドル＝３０８円」に固定されたのです。

一夜にして、１ドル＝３６０円から３０８円へと、52円も円高になったのです。もし、この前後に「アメリカに旅行して１０００ドル買い物をしよう」と思っているとしたら、

「1ドル＝３６０円」の時：１０００ドルを交換するのに、36万円必要。
「1ドル＝３０８円」の時：１０００ドルを交換するのに、30・８万円必要。

ということになるわけですから、為替レートの変更後は5万2000円もおトクになるという状況が生まれたということです。海外旅行ブームが起きるのも当然ですね。

企業に勤める人にとっての円高

次に、企業、もしくは企業で働いている人に円高がどう影響するのかを考えてみましょう。想定するケースは、③輸出産業に属する企業とその従業員、④輸入産業に属する企業とその従業員の2通りです。

③ 輸出産業に属する企業とその従業員

輸出産業とは、日本国内で製品をつくり、それを海外に輸出している企業や、その関連企業のことを指します。具体的には、トヨタのように自動車をつくって海外に輸出している会社や、東京都大田区の町工場のように、その自動車の部品をつくっている会社などです。

実際の自動車メーカーは、海外に工場を建て、現地で製造販売もしていますが、ここでも話をシンプルにするため、日本国内で車を製造し、海外に輸出しているとして考えることにしましょう。また、25ページでお話ししたように、輸出産業の多くは、先物為替予約によって為替リスクをヘッジ（回避）していますが、ここでは、先物為替予約を行なわず、常に為替レート変動の影響を受けるものとして考えます。

ここで、１ドル＝78円から75円へと３円の円高が起こった場合、自動車メーカーのＤ社ではどんなことが起きるでしょうか。

当初、為替レートが１ドル＝78円の時、Ｄ社が車１台を１万ドルでアメリカに輸出するとします。このときＤ社は、車１台当たり１万ドルを手に入れることになります。その１万ドルをすぐに日本円に換金した場合、78万円を手にすることができます。

では、１ドル＝75円になったらどうでしょうか。同じく、車１台を１万ドルでアメリカに輸出した場合、Ｄ社は１万ドルを手に入れます。しかし、それを日本円に換金すると75万円になり、１ドル＝78円の時に比べて３万円も減っています。

つまり、３円の円高が起こっただけで、Ｄ社は１台当たり３万円も売り上げが減ってしまうのです。日本の自動車メーカーは、１社当たりアメリカに何十万台と輸出しているわけですから、円高のインパクトがどれほど大きいか想像がつきます。

【結論】
輸出産業にとって（他の条件を一定とすれば）円高は不利。

「1ドル＝75円」からさらに円高が続けば、D社は、輸出による売り上げが減りつづけるわけです。もし、他に収入の道がなければ、経営は悪化していくことになるでしょう。結果、従業員のボーナスを減らしたり、もしくは基本給自体を減らしたりすることになるかもしれません。

円高がどんどん進行すれば、D社は部品の供給先である関連企業と値下げ交渉を始める可能性もあります。すると今度は、関連企業の経営が悪化しはじめるでしょう。給料を減らすどころか、経営が立ち行かなくなり、操業を停止する（倒産する）ということもありえます。実際、先日もニュースで、円高が原因で倒産した企業の数が、２０１１年は前年より36パーセントも増加したと報じられていました（ＮＨＫニュース２０１１年12月26日　帝国データバンク調べ）。こうして企業が倒産すれば、その企業で働いているすべての人が失業することになるのです。

つまり円高は、輸出産業全体にとって、極めて悪い現象なのです。近年「製造業にとって円高は厳しい」と言われているのは、こういった理由からです。

④　輸入産業に属する企業とその従業員

今度は逆に、輸入産業に属する企業の場合を考えてみることにします。ここでは、海外の車を輸入して日本国内で売っている外車ディーラーを例に取り上げましょう。

結論から言います。外車ディーラーのような、輸入産業に属する企業にとっては、基本的には「円高は歓迎すべき動き」です。

なぜでしょうか。その理由について、ここでも、1ドル＝78円から75円へと3円の円高が起こった場合を（先のD社と同様にシンプルに）想定して考えます。

外車ディーラーのE社が、アメリカ国内で1台1万ドルで売られている外車をアメリカで買い付け、日本で売ったとします。1ドル＝78円の場合、E社は1万ドルの外車1台を買い付けるのに、78万円を支払う必要があります。

1ドル＝75円になったらどうでしょうか。E社は外車1台を75万円で買い付けることができます。

1ドル＝78円の時は、1台買い付けるのに78万円かかっていたのが、1ドル＝75円の円高になったことで、1台75万円で買い付けることができるようになりました。E社にとっては、3円の円高で外車1台当たり3万円トクする状況が生じたということです。

【結論】
輸入産業にとって（他の条件を一定とすれば）円高は有利。

そのまま円高が続けば、E社の利益は増え、そこで働く従業員の給料は上がるかもしれません。こういった外車ディーラーのような企業や、そこに勤める従業員にとって、円高は歓迎すべきことなのです。

円高・円安の影響を正しく見るために必要な視点

ここまで、①一般の主婦、②海外旅行に行く人、③輸出産業に属する企業とその従業員、④輸入産業に属する企業とその従業員、の4者を想定して、円高・円安の影響をくわしく見てきました。

まとめると（すべて他の条件を一定とすれば）、

①　一般の主婦：円高は得、円安は損
②　海外旅行に行く人：円高は得、円安は損
③　輸出産業に属する企業とその従業員：円高は損、円安は得
④　輸入産業に属する企業とその従業員：円高は得、円安は損

ということでした。

こうしてみると、それぞれの立場によって円高・円安は良いことだったり、悪いことだったりすることがわかります。

実は、これまでの説明で、一つ大切なことが抜け落ちてしまっています。それは、「一般の主婦の財布の中身は、会社で働く夫の給料の影響を受けて増減する」ということです。つまり、円高・円安が個人にどう影響するかを考える上で重要なのは、「個人や家庭の収入が、何に（どの産業に）依存しているか？」という視点なのです。

円高が起きた時、一般の主婦は、安く買い物できるようになることはお話ししました。しかし、家計の担い手である夫が、自動車メーカーの関連企業に勤めていたらどうでしょうか。

円高になると、輸出産業は打撃を受けるわけですから、夫の給料は先述の理由で減らされる可能性があります。

すると奥さんにとっては、「円高で安く買い物ができるようになった」のはいいけれど、「夫の給料が減らされたことによって、財布の中身が少なくなってしまう」可能性が出てくるのです。これでは、奥さんにとって円高が良いことなのか、悪いことなのかは、わからなくなってしまいます。

今度は、この奥さんの夫が、外車ディーラーに勤めているとしましょう。奥さんは買い物をする時に、円高の恩恵を受けています。さらに先述の理由で夫の給料も上がる可能性があるため、この奥さんは、二重の意味で円高の恩恵を受けることになるわけです。

同じ主婦でも、夫（主な家計の担い手）がどんな会社に勤めているかによって、円高から受ける影響は異なってくるのです。

ここまでくると、円高が良いことなのか、悪いことなのかは、

1．個人や家庭の収入が、どういった産業に属する会社に依っているのか？（収入サイド）

2. 個人や家庭が、どのような商品やサービスを購入しているのか？（支出サイド）

という「収入サイド」と「支出サイド」を統合した視点で考えなければいけないということがわかります。

この視点は見落とされがちです。国内で買い物をしている消費者にとって、多くの場合、直接に円高はおトクであるため、偏《かたよ》った側面でしか円高の影響を考えることができていないケースが非常に多いのです。

「良い円高・悪い円高」の真実

ここまでの説明で、円高と円安の影響を考える場合、「個人や家庭の収支全体にとってはどうか」という視点で見なければいけないことは、ご理解いただけたかと思います。

しかし、カンのよい方は、「良い円高・悪い円高というのは、〝各家庭にとってどうなのか〟ではなく、〝日本全体にとってどうなのか〟を考えなくてはいけないのではないか」と思ったことでしょう。

その通りです。先述の『良い円高　悪い円高』という書籍にしても、新聞やニュースなどで話題に上る「良い円高・悪い円高」の話にしても同じです。そこで対象とされているのは、多くの場合、「個人や家庭にとって善か悪か」ではなく「日本全体にとって善か悪か」という視点に立ったものなのです。

そこでここからは、「日本全体にとって円高は善か悪か」について考えていくことにしましょう。

日本全体にとってはどうか？

結論から言いましょう。現在の日本にとって、円高は明確に「悪」です。その意味では、「良い円高」も「悪い円高」もありません。

それはなぜか？　そのことが直感的に理解できる図があるので、ここに示しましょう。

図表１は、円高の進展と連動して、名目ＧＤＰが明確に減少していることを示しています。

ＧＤＰとは国内総生産のことで、ごくかんたんに言うと「１年間に生み出された日本全体の利益の合計額」と考えていただければいいでしょう（正確に言うと、「１年間に日本国内で新たに生み出された付加価値［≒粗利《あらり》］の合計額」です）。

ＧＤＰが日本全体の利益の合計額だとしたら、その利益は、必ず誰かの収入として分配さ

図表1　2003年以降のドル／円レートと日本の名目GDP

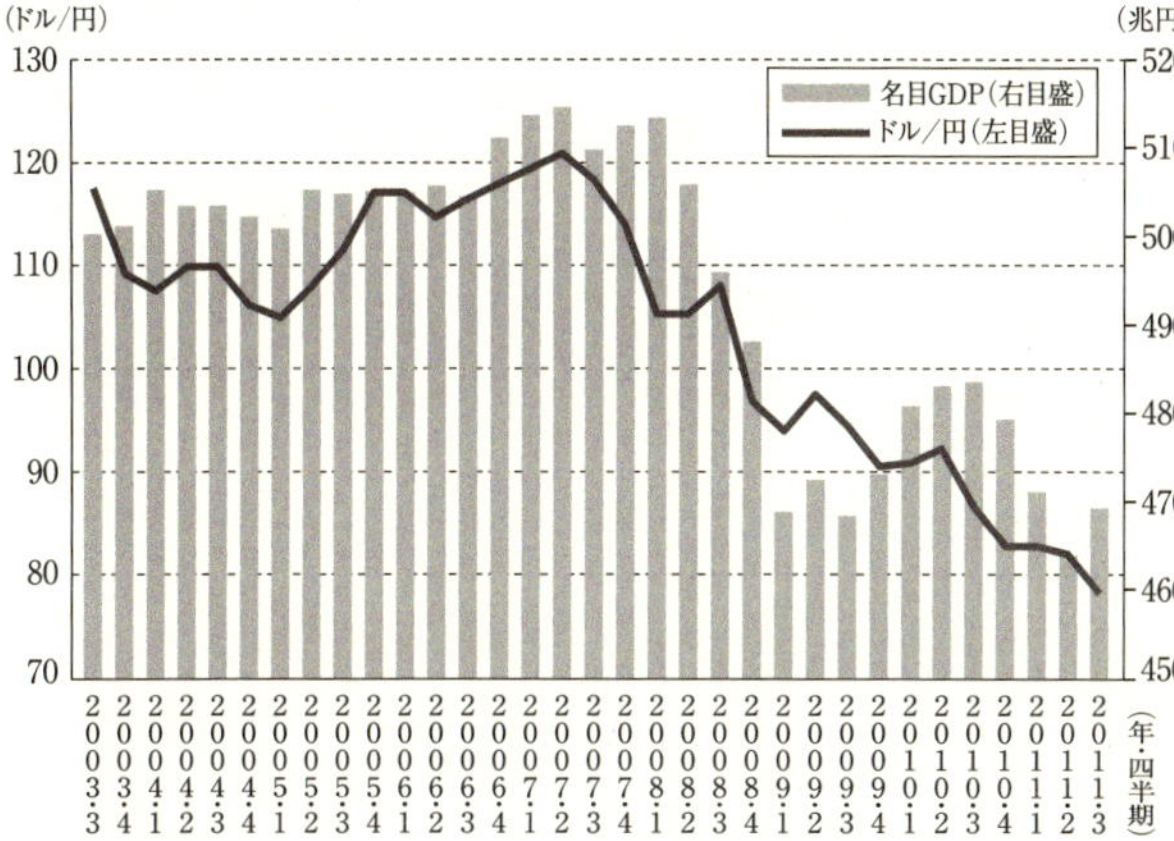

出所：内閣府、日本銀行

れているはずです。そう考えると、GDPとは「国民全体の収入の合計額」と捉えてもよさそうです。さらに、名目GDPの「名目」というのは、「額面上の」という意味です。ですから名目GDPとは、「国民全体の収入の額面金額の合計」と考えることができます。

ニュースではよく、「GDPが減り、景気が悪化しました」といった表現をしています。これをわかりやすく言うと、「国民全体の収入の合計額が減り、景気が悪化しました」ということになります。つまり、名目GDPの増減は、「景気の上げ下げ」を示しているということです。

それを考慮に入れると、図表1は、円高によって、国民全体の収入が減り、日本の景気が悪化していることを示しているものに他なりません。

なぜ円高が進むと、名目GDPは減少していくのでしょうか?

それは、円高によって、「輸出産業(と輸入品競合産業)の利益が減っていく負の効果」のほうが、「輸入産業の利益が増える正の効果」よりも大きいためです。

「日本全体にとって円高は善か悪か」を正確に判断する場合、「円高によって輸出産業の利益がどれだけ減るか?」ということと、「円高によって輸入産業の利益がどれだけ増えるか?」ということを調べ、どちらの影響がより大きいかを比べる必要があるのですが、図表1からも、円高は「産業全体への正の効果よりも、負の効果のほうが大きい」ということが読み取れます。つまり日本では、円高が進展すればするほど、産業全体に円高の負の影響が浸透して利益が減少するため、産業全体の利益の合計額である名目GDPは減少し、景気が悪化するのです。

先述の通り、円高によって、自動車メーカーのような輸出産業の利益は減りますが、外車ディーラーのような輸入産業の利益は増えます。しかし日本にとって、輸出産業は国の基幹産業です。つまり、輸出産業の規模は、輸入産業の規模よりも大きいのです。言い換えれば、「日本は、海外に製品を輸出することで利益を生み出しているという側面が強い」ということです。

　また円高は、主婦の話で説明したとおり、輸入品の価格を下げます。そして、そのことによって、日本の国内製品が輸入品との競争に負けてしまうのです。つまり、国内の「輸入品と競合している産業」にも打撃を与えているということです。

　「輸入品と競合している産業」とは、たとえば漁業や酪農業、そして地方の地場産業や観光業などです。これは、円高が、地方の衰退にも一役買っている可能性があるということを意味しているのです。

円高で雇用が減る

　しかも円高は、日本の産業を侵食していくとともに、日本の雇用も侵食しています。企業は長引く不況の中で、つねにコスト削減をしなければいけない状況に立たされています。もし製品を安く生産できる方法があれば、企業はそれを採用したいと思うでしょう。ここにも、為替レートの問題が大きく関わってきます。

　円高の進展は、日本人の賃金を対外的に見て割高にします。たとえば当初、ドル／円レートが1ドル＝100円で、日本の平均時給が1000円、アメリカの平均時給が10ドルで、同じだったとしましょう。

この時、日本のF社が日本の工場を1時間操業する場合、F社の経営者は工場で働く従業員に1000円を支払うことになります。そして、F社が、アメリカにある自社工場で1時間操業した場合、アメリカの工場で働く従業員に10ドルを支払うことになります。この場合、アメリカの従業員に10ドルを支払うためには、一度手元の1000円を、為替市場を通して10ドルに換金しなければなりません。

この時、日本で工場を1時間操業しても、アメリカで工場を1時間操業しても、賃金は同じということになるので、F社にとっては、製品を日本でつくってもアメリカでつくっても、コストはトントンであるということになります。

ただし、輸送費や言語の壁、商習慣の違いなどを考えると、コストが同じならば、比較的問題の少ない国内で製品をつくろうと思うでしょう。この時、日本の雇用に問題は起きません。

しかしその後、1ドル＝80円へと円高が進行したらどうなるでしょうか？

ここまで読んでこられた方にとって、答えは自明のことでしょう。

F社がアメリカの従業員に同じく10ドルを支払う場合、1ドル＝80円なので、円に換算すると８００円しか支払わなくていいことになります。

コストを削減したい経営者にとって、これはとても良い話です。日本の工場を稼働させるよりも、さまざまな問題には目をつぶり、人件費の安いアメリカの工場を稼働させようと考えるかもしれません。その結果（他の条件が一定であれば）、アメリカで１時間分の雇用が生まれる一方、日本での雇用は１時間分なくなってしまうということになるのです。

このように、日本の労働者は常々、海外の安価な労働力との競争にさらされています。そんな中で円高が起こったら、日本の労働者の賃金はその分だけさらに割高になり、雇用がどんどん海外に流出していってしまうことになります。

もし円高がさらに進展し、それが長期にわたって続くということになれば、企業の経営者は、生産拠点を海外に移し、そこから製品を日本に逆輸入したほうがいいと考える可能性は大いにあります。これがいま日本で問題になっている、企業の海外流出問題（空洞化の問題）です。

円高は、日本の失業率を高める圧力すら持っているのです。

“韓流推し問題”の正体

２０１１年の夏、某民放テレビ局の「韓流推《お》し」に異議を唱える人たちによって、同社に対しデモ行進が行なわれるということがありました。この問題は、テレビ局が韓国の番組（韓流ドラマや韓国のアイドルの番組）を流しすぎている（推しすぎている）という疑念から起こったものです。

私は、「日本のテレビで韓国の番組が多く流されるようになった」ということの現象にも、一部、為替レートの問題が関わっているのではないかと考えています。

韓国の通貨であるウォンと円のレートは、２００７年ぐらいから趨勢《すうせい》的な円高傾向が続いています。そのため、韓国からの輸入品の一つである韓流ドラマなどのテレビコンテンツの価格が相対的に割安になっているのです。

日本のテレビ局も御多分にもれず、長引く不況の中で業績が悪化し、かつてのように多くの予算をかけた番組がつくれなくなっています。そこで、安い韓国のコンテンツを買ってきて流そうとテレビ局の人間が考えたとしても、何も不思議なことではありません。

つまり円高が、日本のテレビで韓国製の番組が多く流されることの後押しをしているという側面もあるのではないでしょうか。これは、逆に考えれば、円高によって、日本のテレビコンテンツが国際競争において後塵《こうじん》を拝《はい》している、とも言えるわけです。

報道や発言を正確に見極めるには

ここまでの話をまとめると、円高は、日本の基幹産業である輸出産業に打撃を与え、輸入品と競合している国内の産業や観光産業などにも打撃を与えるばかりか、日本の雇用にも問題を生じさせるということです。現在の日本で、「良い円高もある」と主張する人がいれば、その人は、本章に書かれている視点のいずれかを見落としていると考えられます。

新聞やテレビなどで、「良い円高」「良い円安」という話が出てきた時、あなたはその報道や発言者が「〝何にとって〟良い（もしくは悪い）と言っているのか」を正確に見極めなければいけません。

実際、ニュースなどで語られる「円高・円安」についての評価は、こういった細かいことは考慮に入れられないまま、なんとなくの、しかも誤ったイメージで語られている場合が多いのです。私は、そのことをとても残念に思いながら、今この話を続けています。

そこで次章では、円高・円安に関して「どんな誤った説があるか？」「なぜその誤った話が世間に流布してしまっているのか？」について考えていきたいと思います。

第3章　「良い円高」論のウソ

「数字的にはそうだろうけど……」

ここまで、「円高は良いことか、悪いことか」を考えるにあたって、「個人ないしその家庭の収入が、どういった産業に属する会社に依っているのか？（収入サイド）」と「その家庭が、どのような商品やサービスを購入しているか？（支出サイド）」という2つの視点で見なければいけないことをお話ししました。そして、日本の社会全体にとって、現在の円高は明確に悪であるということを確認しました。

ここまでのことを、ご理解いただけたでしょうか。中には「頭では理解できたけど、テレビのコメンテーターの中には〃良い円高〃と言う人もいるから、実際のところはどうなのか判断しづらいなあ」という人もいるかもしれません。

「数字を見ればそうなんだろうけど、テレビに出る学者が間違ったことを言うなんて信じられない。数字には表れない何かがあるんだろう」と思う人もいるでしょう。実際、私はこれまで一般の方を対象にした講演などの場で、為替の話に限らず経済の話を数多くしてきましたが、「数字的にはそうだろうけど……」といった反応をする人はたくさんいました。

そこで本章では、なぜこれまでメディアなどにおいて、「円高は良いこと」という説が唱えられつづけてきたのかについて、考えていきたいと思います。

「円高＝悪」という認識は広まったものの……

最近は、円高が過去最高水準というところまで進行しているので、さすがに手放しで「円高は良いことだ」と言い切る人は少なくなってきました。日本経済新聞の２０１１年11月30日に掲載された記事によると、家計に望ましい為替水準についてモニター調査を行なったところ、「今より円安の水準のほうが望ましい」と回答した人が７割に達したとのことです。まだ「現在の水準が望ましい」という人が15％、「少し円高（が望ましい）」が９％、「大幅な円高」が４％残っていますが、この結果を見る限り、「円高は悪だ」という認識が広く日本人の間に浸透していることがよくわかります。

つい最近までは、「円高は良い」「円安は悪魔だ」などと主張する専門家やコメンテーターがメディアに跳梁跋扈《ちょうりょうばっこ》していました。彼らはこのモニター調査の結果を見てどう思うのでしょうか。

ただ、私はその結果を手放しで喜べません。「円高は日本にとって悪」という正しい認識は、一過性のものにすぎないのではないかという危惧《きぐ》があるからです。なぜならこれまでも、過去最高水準に迫る円高が起こるたびに、「円高は悪いことだ」という認識が広まったにもかかわらず、円安に戻ったとたんに「円高は良いこと」「円安は悪いこと」と主張する人が雨後の筍《たけのこ》のように現れつづけたのです。

「安い」という字面《じづら》のせいで、円安が忌避《きひ》され、円高が好まれるのかもしれませんが、そんな感情の問題は別として、なぜこのようなことが起きるのでしょうか。

私は、それは主に、為替についての誤った考え方がマスコミによってバラまかれた結果、国民全体に浸透してしまっているからだと考えています。なぜマスコミや政府関係者、その他多くの識者たちは、このような誤った考え方を喧伝《けんでん》しつづけているのでしょうか？　この謎を、歴史をひもときながら考えていきたいと思います。

マスコミや政府、為替の専門家と呼ばれる人々が「円安性悪説《せいあく》」を支持する理由は、大きく分けると、次の3つの系譜に大別することができます。

1. 「強い円」志向説
2. 通貨暴落のトラウマ説
3. 「円高不況は乗り越えられる」という精神論

1つずつ、どんな背景から現れた議論であるかを詳細に見ていくことにしましょう。

「強い円」志向説

「強い円は、強い経済のあらわれ」「円は尊敬されるべき」という言葉を、どこかで耳にしたことはありませんか？　実はこれらの言葉は、ある人物の書いた本のタイトルが元になったものです。

その本とは、元日本銀行総裁で2009年に亡くなった故速水優《まさる》氏の著作『強い円　強い経済』と『円が尊敬される日』（いずれも東洋経済新報社）です。速水氏は、1998年3月から2003年3月までの5年間、日本の金融政策を一手に司《つかさど》る日本銀行の総裁を務め、日本の経済界に大きな影響を与えてきた人物の一人です。

そんな速水氏が、これらの著作の中で、どのような主張をしているかを見てみましょう。

「強い円」や「尊敬される円」というのはすべて、端的に言うと「円高」のことをあらわしています。つまり、速水氏はこれらの本で、「円高は日本経済にとって良いことだ」という主張をしているわけです。そのことは、『強い円　強い経済』の次の文章にも表れています。

日本では、通貨である円が高いとか安いとか毎日騒がれているが、海外、特に欧米では、通貨については強い（ストロング）、弱い（ウィーク）という言葉が使われる。「高い」、「安い」という言葉は、相場の相対関係が輻輳《ふくそう》していることから誤解を生みがちだが、この言葉は、一九七一年八月のニクソン・ショックで金ドル本位制が崩れ、諸通貨がフロートし始めたときに、日本のマスコミなどが使い始めた言葉だと思われる。

通貨は強くて安定し、使い勝手のよいことによって信認を得るのであって、先進諸国の中央銀行では、皆このような通貨の強さを目指している。そして、その国の通貨の強いことがその国の国力や発言力に直接、間接に影響を持つのである。このことを、私は半世紀を超える国際金融の現場での経験から特に強調しておきたい。

（154ページ　傍点筆者）

傍点部分を読む限り、「日本も通貨の強さ（＝円高）を目指すべきで、通貨が強くなれば（＝円高になれば）日本の国力や対外的な発言力が増す」と理解されるので、この件《くだり》は、まさに「円高こそ善」であり、すべての国家が目指すべきものである、という手放しの円高礼《らい》賛《さん》に読み取れます。

図表2　速水総裁時代のドル／円レートと日本の名目GDP

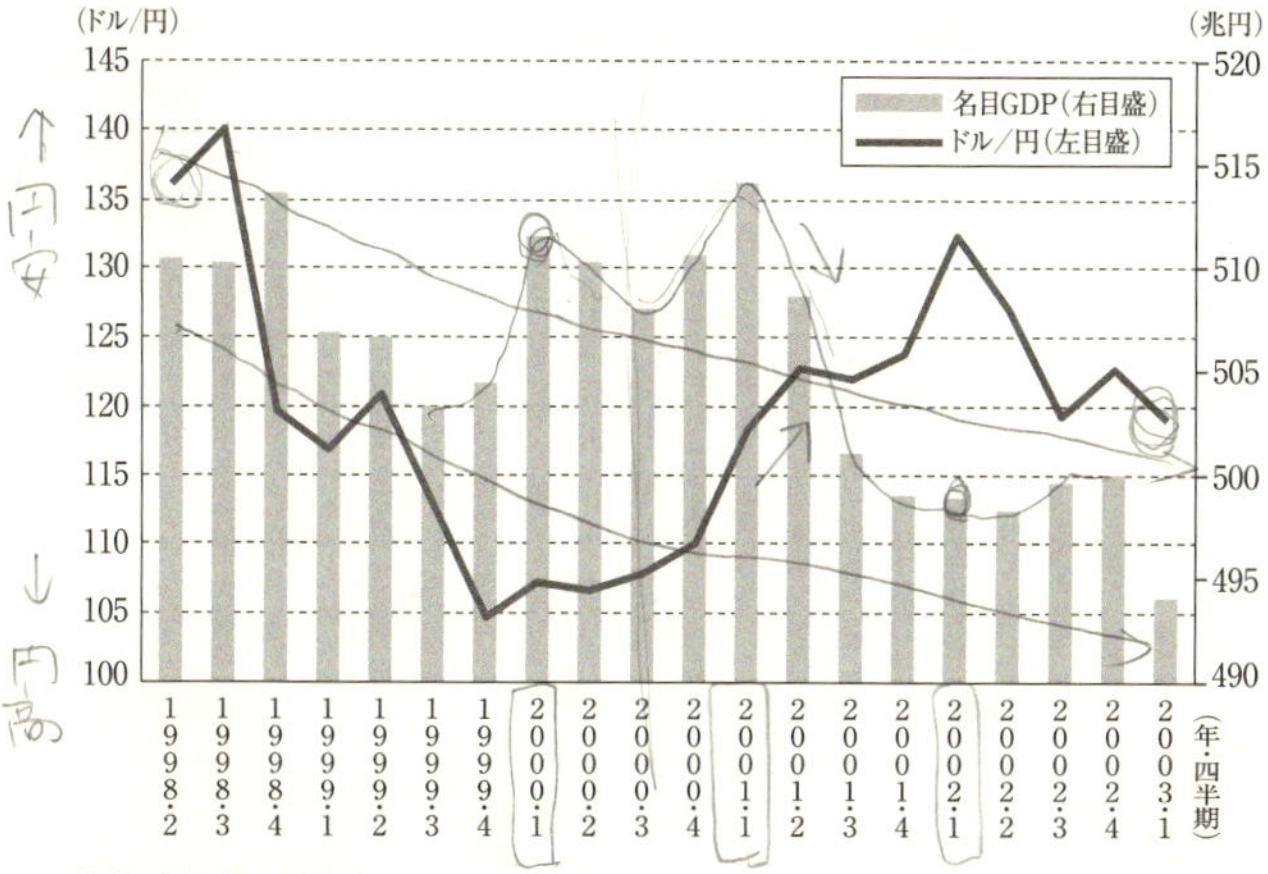

出所：内閣府、日本銀行

ともすれば、この本が書かれた2005年当時にこの本を読んだ人の多くは、「日本の経済運営を担当している専門家の中の専門家がそう言うのだから、間違いないだろう」と思っていたかもしれません。しかし、ここでは、イメージに惑わされず、その主張の正当性を一つひとつ検証していきましょう。

速水氏が「日本にはさらなる円高が必要」という思想を抱いて日本銀行の総裁を務めた5年間で、実際にドル／円レートはどう動き、国の経済の強さ（国力）を示す名目GDPはどう動いたでしょうか？　それを端的に確認できるのが、図表2です。

この間、日本経済は強くなった（＝名目GDPは増えた）でしょうか？

確かに円は「1ドル＝136円」から「1ドル＝119円」へと強くなりました。しかし日本経済の強さを示す名目GDPは、約510兆円から約494兆円へと、実に16兆円も低下したのです。

さらに言うと、円高によって「日本の国力や対外的な発言力が、直接的にも間接的にも強くなった」という現象は確認できません。

円高になったら対ドルベースでGDPが増加する？

このように数字ではっきり示される事実があるにもかかわらず、なぜ氏はそのような意見を持っていたのでしょうか？

速水氏は、『強い円　強い経済』の中で、「強い円」を志向する理由について、次のように述べています。

国民所得（GDP）はドル換算で世界的に通用しているが、日本が仮にGDP500兆円とすると、1ドル＝100円なら対外的には5兆ドル、世界第二位となるが、仮に1ドル＝120円であれば、対外的には約4・2兆ドル程度となり、二位も怪しくなるかもしれないのである。事ほどさように、各業界においても、円の価値が強いことが対外的な信認を得ることになる。（中略）日本の軍事力、外交力を補填する存在感、発言力は、通貨の強さから出て来るという事実を、過去の半世紀の動きで私は十分理解しているつもりである。

（154ページ）

ここで速水氏は、「円高になると、ドル換算にした際の日本のGDPは額面上高く換算される。それはすなわち、日本の経済が国際的に強く評価されていることを意味する」と言っているのです。

本書52ページでもお話ししたとおり、GDPとは「1年間に生み出された日本全体の利益の合計額」、言い換えれば「国民全体の収入の年間の合計額」です。この意味では、確かにGDPは国の経済規模をあらわす指標ということになります。

昨年（2011年）の1月「中国がGDPで日本を抜き世界第2位の経済大国になることが確実に」という報道がありました。これは「日本はこれまで経済規模（＝GDP）で見るとアメリカに次ぐ世界第2位だったけれど、中国に抜かれ、第3位に転落してしまう」ということを意味しています。

では、なぜ速水氏の言う1ドル＝100円どころか、1ドル＝80円まで円高が進んだというのに、日本はGDPで中国に負けてしまうという事態が起こってしまったのでしょうか。

仮にGDPが円高の影響を受けても減少しないのであれば、ドル表示にした場合、円高によって日本のGDPは対外的に割高に見えるでしょう。それは氏の主張の通りです。また、〝そもそも円高・円安によって、実際のGDPが増減しない〟ということがありえるならば、速水氏の「円高によって対ドルベースで見たGDPが増加するので、日本の国力（＝GDP）は増加して、海外に対する日本のプレゼンスは高まる」という主張も正しいことになるでしょう。

しかし速水氏は、円高が進めば進むほど円換算にした際のGDPの成長率が低下してしまうという事実を見逃しているように思います。それはまさに第2章の図表1（53ページ）の通りで、日本は、円高になればなるほどGDPが減っていく構造なのです。

読者の中には、「いや、いやしくも日銀総裁まで務めた速水さんがそんな単純な間違いをするはずがない。そのウラにはもっと深謀遠慮《しんぼうえんりょ》があるはずだ」と思う方がいるかもしれません。もちろん、日商岩井会長時代の実務経験や、日銀の海外駐在員として日本の為替問題の実務に当たっていたことからすると、〃経済実務の専門家〃ではあったかもしれない。けれども、経済をマクロ的・総合的視点で見ることのできる〃経済の専門家〃ではなかったのです。

そのことが、先ほどの引用文に続く文章に端的にあらわれています。

また、為替相場と言えば、従来輸出業者だけが円安誘導を叫ぶのであるが、円が強ければ一般消費者には輸入価格が下がるというメリットがあり、それによって消費が促進されるだろうし、資本取引面でも対外投資のメリットが出てくるのである。

これは第2章で論じた問題そのものです。

第2章の結論は、「円高によって、輸入品の価格は下がるので、(収入を一定とすれば) 消費者にとって円高は確かにメリットがあると言える。しかし実際は、円高によって輸出産業が打撃を受けることにより、そこで働く従業員の給料が下がり、ひいては日本全体の給料に影響を及ぼすから、円高は日本全体にとって悪いことである」というものでした。

速水氏は「為替相場と言えば、従来輸出業者だけが円安誘導を叫ぶのであるが……」と述べているので、「1．円高は輸出業者にとっては由々《ゆゆ》しきこと」というところまでは正しいと思われます。

しかし、「2．消費が促進されるだろうし、資本取引面でも対外投資のメリットが出てくる」と述べていることを鑑《かんが》みると、1のデメリットよりも、2のメリットのほうが上回っていると考えているフシさえあります。繰り返しますが、事実は第2章で述べた通りで、まったく逆です。どうやら速水氏は、「円高は日本全体にどういう影響を及ぼすか？」という視点を持ち合わせないまま、「消費者にとって円高はおトク」という視点のみに依拠《いきょ》し、金融政策のかじ取りを行なっていたのでは、という疑念を抱かざるをえません。

以上見てきた速水氏の主張は、「強い円」志向説の代表的なものです。このような説は、いまだにマスコミなどの言説において、「正しいこと」として主張されています。

通貨暴落のトラウマ説

では、「円安性悪説」を支えている論拠の2つめ、「通貨暴落のトラウマ説」についてお話ししましょう。

円安は悪いことと捉えている方の中で、「円安＝通貨の暴落」とイメージしている方が多いのは事実でしょう。しかし、はっきり言いますが、通貨の暴落は、少なくとも現在の日本では起こりえない事態です。また、そもそも通常の「円安」と「通貨の暴落」とは、その進行の仕方にしても、経済に与える影響からしても、まったく性質を異にするものです。そのことを、これから説明していきましょう。

通貨の暴落とは、自国通貨の持つ価値が、急激に下落することです。ドル/円レートにおいて、「円の価値が急落する」こととは、つまりは急激な円安が起きたことを指しています。もちろん、その裏ではドルの急騰(=急激なドル高)が起こっています。

急激な速度で円安が起こるというのは、つまりは、為替市場において誰かが円を一気に大量に投げ売る代わりに、大量にドルを買い入れているということです。

通貨の暴落によって生じると想像される事態は、まず、為替が急激に上下に変動することによって、為替レートの変動リスク(為替リスク)が生じることです。その為替リスクが、実体経済に影響を及ぼしかねないことはもちろんですが、しかし問題の本質は、それ以前に、「その国の為替レートが、一定の割合の上下変動の範囲を保てなくなる」ということにこそあります。

この通貨の暴落は、為替レートが危機的な状況に陥るという意味で、「通貨危機」とも呼ばれています。

通貨危機が世界中で頻発したのが１９９０年代です。92年と93年には欧州通貨危機が、そして93年にはメキシコでも、少し飛んで97年にはタイのバーツ暴落が引き金となって、韓国、マレーシア、インドネシア、フィリピンまで巻き込むアジア通貨危機が起こりました。翌98年〜99年にはロシアとブラジルで、そして２０００年代に入ってからも、２０００年から翌年にかけて、アルゼンチンやトルコで、通貨危機が起こりつづけました。

そして、これらの国が通貨危機に襲われたのには、ある明確な理由があったのです。それは、通貨暴落前までは、どの国も為替レートを固定する〝固定相場制〟を採用していたということです。

固定相場制とは、為替相場（たとえばドル／円レート）の変動を固定（もしくはごく小幅に限定）する制度のことを言います。日本も１９４９年から１９７１年までの間、ドル／円レートを１ドル＝３６０円に固定する固定相場制を採用していました。ちなみに、現在、中国などをのぞいて多くの国は固定相場制をやめ、現在の日本のように為替レートの変動を自由市場に任せる変動相場制を採用しています。

では、なぜ固定相場制の国で、通貨の暴落が起きる可能性があるのでしょうか。

先に書いたように、通貨の暴落の引き金を引くのは、誰かがその通貨を投げ売りすることです。ひとたび暴落が起きれば、その国の経済はとても大きなダメージを受けますから、政府は為替レートを安定させようと必死に努力します。通貨の暴落は、この「為替レートを急激に変動させようとする勢力」と「為替レートを一定に保たせようとする政府」との間の攻防の結果起きるのです。

為替介入とは

話を具体的にするため、日本がドル／円レートを1ドル＝１００円とする固定相場制をとっている場合を想定して考えてみましょう。

もし誰かが円を投げ売りして急激な円安が起こり、1ドル＝１２０円になって以降も、為替レートが一方的に円安方向に振れていったとしたら、これは大変です。日本政府は固定相場制を採用している以上、規定のレートから逸脱する為替の動きが起こった場合、1ドル＝１００円の水準にまで為替レートを引き戻すべく、なんらかの手立てを講じなければいけません。

そしてこの手立てこそ、最近よくニュースで耳にするようになった「為替介入」という政策です。為替介入は、行きすぎた円安や円高を微調整するために行なわれる、政府当局による為替市場への介入政策のことを指します。

急激な円高が起こった場合は、円を売ってドルを買う「円売り・ドル買い介入」を行ない、急激な円安が起こった場合は、円を買いドルを売る「円買い・ドル売り介入」を行なうことで、為替レートを元の水準に引き戻し、為替相場の変動を小さくしようと試みるわけです。

為替介入の概念的な手順を整理すると、以下になります【注1】。

(1)急激な円高が起こった場合：為替市場全体で円の買い手が多く、円の価値が上がっている状態
⇓政府が、為替市場で外貨を買う（＝円を売る）為替介入を実施することで、円の売り手を増やし、円の価値を下げる＝元の円安水準に引き戻す
(2)急激な円安が起こった場合：為替市場全体で円の売り手が多く、円の価値が下がっている状態
⇓政府が、為替市場で外貨を売る（＝円を買い入れる）為替介入を実施することで、円の

買い手を増やし、円の価値を上げる＝元の円高水準に引き戻す

⑵の場合、急激な円安の引き金を引くのは誰でしょうか？　一番可能性が高いのは、通貨危機を誘発することによって大儲けを企むヘッジファンドです。ヘッジファンドとは、少数の投資家から多額の資金を集め、その資金を、為替市場におけるプレイヤーや国家政策の動向を読みつつ、リスクをヘッジ（回避）しながら大々的に運用している団体のことで、市場を大きく動かすことができる存在です。このヘッジファンドが、日本円を大量に売り浴びせることで、円の暴落を起こそうという動き、すなわち「通貨アタック」を仕掛けると、円は下落していきます。

ヘッジファンドが通貨アタックを行なう際、自己資金に何倍ものレバレッジをかけます。

【注１】現在の日本政府による為替介入は、財務大臣の権限によって実施され、介入のタイミング・規模・方法などは、財務省を通して、介入の実務を担当する日本銀行に伝えられます。本書では便宜上、「政府は自国の外貨準備を元手に介入を行なう」と説明していますが、現在の日本では、財務大臣が管理している政府の「外国為替特別会計（外為特会）」を元手に行なわれています。

レバレッジとは、直訳すると「テコ」のことで、自己資金を担保にして多額の資金を借り入れることによって、投資資金を自己資金の何倍、何十倍（時には何百倍）までにも増やす投資方法です。その手法がテコの原理に似ているので、こう呼ばれています。

ヘッジファンドは、レバレッジを使って多額に膨《ふく》れ上がった資金を元手に、大量の円を売ると同時に、大量のドルを買います。円が投げ売りされるような状況では、円を買う人は少なくなるので、円の価値はどんどん安くなっていきます。

この時、1ドル＝100円の固定相場制をとっている日本政府としては、為替介入によって為替レートをなんとしても元の水準に引き戻し、その後も保ちつづけなければいけません。そのため、政府の資金を使って、円を大量に買い戻すことで、円高方向への動きをつくり出す政策が必要となるのです。

具体的には、政府が自国の外貨（この場合はドル）を為替市場で売りに出し、その対価として円を買い戻します（前ページの【注1】参照）。日本政府という円の買い手が現れた結果、買い手が増えたことで円の価値が上昇する、すなわち円高が起こるのです。

こうして政府は、為替介入によって固定相場を維持できた、言い換えれば、通貨防衛に成功したというわけです。

通貨アタック、通貨危機、そしてヘッジファンド

しかし、実際はそううまくいきません。というのも、政府が円を買い戻すための外貨は、無限にあるわけではないからです。政府の外貨準備には明確な上限があるのです。

日本政府は1ドル＝100円の水準まで円買いを続けたくても、いずれ外貨の枯渇《こかつ》する時がやってきます。暴落が起きるのは、まさにその瞬間です。ヘッジファンドは、この瞬間を待っているのです。

というのも、ヘッジファンドの人間は、政府の外貨準備がどれだけあって、どれぐらいの時間でそれが尽き、為替介入をやめざるを得なくなるか知っているからです。

通貨アタックは、これまで実際に何度も行なわれてきました。ヘッジファンドによる通貨アタックは、為替の先物予約という複雑な手法が使われるのですが、具体的には、以下のような順序で行なわれます。97年に起きたタイの通貨危機のケースで見てみましょう。

(1)タイの通貨であるバーツは、通貨危機以前の97年初頭までは、1ドル＝25バーツに固定されていました。この時ヘッジファンドは、タイ政府が国内の経済事情によって通貨の切り下

げを余儀《よぎ》なくされることを予見していました。通貨の切り下げとは、1ドル＝25バーツから、1ドル＝30バーツや1ドル＝40バーツという方向に、バーツが安くなるように固定レートの変更を行なうことです。固定相場制を採用している国が、通貨の切り下げを行なう理由は、その国の実体経済の変動に伴い、適正なレートに合わせ固定レートの調整（切り下げ・切り上げ）を実施する必要があることです。

タイ政府の通貨の切り下げを先読みしたヘッジファンドが、たとえば97年5月に「3ヵ月後の8月に1ドル＝25バーツで、バーツを売る」という先物為替予約を契約したとします（先物為替予約の詳細については27ページコラム2参照）。これでヘッジファンドは、3ヵ月後の実際の為替レートが、97年5月時点よりも少しでもバーツ安になっていれば、その利ざや分儲けることができます。

3ヵ月後に1ドル＝30バーツまでバーツ安が実際に進んでいたとしたら、ヘッジファンドは1ドルにつき5バーツ分利ざやを稼げますし、1ドル＝35バーツなら1ドルにつき10バーツも利ざやを稼げることになるのです。ヘッジファンドには、通貨アタックを仕掛け、バーツ安を起こす動機が十分にあるわけです。

(2)そこでヘッジファンドは、意図的にバーツ安を起こすために、先物予約をした後、為替市場（直物《じかもの》市場）でもバーツを大量に売り浴びせます。そうすると為替市場には、異変に気づいた他の投資家たちが、バーツ安の動きに便乗しようと大挙して押し寄せてくることになります。

(3)この先物予約を行なう先物市場と、現実の為替取引を行なう直物市場の両方を通してヘッジファンドからの通貨アタックに遭った時、ついにタイ政府が動き出します。「1ドル＝25バーツに為替レートを固定する」という固定相場制を採用（＝宣言）していたタイ政府は、行きすぎたバーツ安が引き起こされることへの対抗措置として、為替介入を行なう必要が生じてくるのです。そこで、保有している外貨（ドル）を為替市場で大量に売りに出し、その対価としてバーツを買い戻そうとします。

(4)しかし、潤沢な投機資金を背景に攻勢をかけてくるヘッジファンドと、ヘッジファンドの動きに便乗して投機資金を投入してくる他の投資家の動きに対抗するには、タイ政府の外貨準備は少ないものでした。これでは、いずれ底をつくことになります。

⑸そうなったら、ヘッジファンドの動きを止められる者は誰もいなくなってしまいます。つまり、政府も、ヘッジファンドによって仕掛けられる通貨の投げ売り（通貨アタック）によって生じる急激な通貨の暴落（通貨危機）に対して、指をくわえて見ているしかなくなってしまうというわけです。

⑹この時、政府に残された対抗策は、為替市場の閉鎖しかありません。通貨の暴落を黙認するぐらいなら、市場を閉鎖して動きを止めようと政府が考えるのも無理からぬことです。しかし、一度市場を閉鎖して、その後に再開するには、固定為替レートの解除を宣言し固定相場制を放棄する——いわば「変動為替相場制を受け入れる」という選択肢しか残されていないということになるのです。

⑺これがヘッジファンド勝利の瞬間です。変動相場制に移行した場合、為替レートは確実に1ドル＝25バーツよりもバーツ安の時点まで変動します。こうして、事前に先物予約を入れておいたヘッジファンドは、97年8月の時点で、濡れ手で粟《あわ》の大儲けをしたというわけです。

イギリスがユーロに参加していない理由

１９９２年9月にイギリスで起きた通貨危機（ポンド危機）の時には、ジョージ・ソロス率いる「クォンタム・ファンド」というヘッジファンドが、イギリスの通貨であるポンドを売り浴びせることによって一晩だけで約10億ドル、合計で約２１０億ドル（当時のレート1ドル＝１２０円に換算すると約2兆５０００億円）もの為替差益を稼ぎ出したと言われています。結果、イギリスはＥＲＭ（欧州為替相場メカニズム）からの離脱を余儀なくされることになりました（ポンド危機が起こったのは水曜日だったため、ポンド危機は、ブラック・ウェンズデー（暗黒の水曜日）と呼ばれています）。

ＥＲＭとは、現在の欧州共通通貨（ユーロ）の前身であるＥＣＵ（欧州通貨単位）が創出された際に、ＥＣＵに加盟している欧州各国に導入された為替相場メカニズムのことです。くわしく言うと、「ＥＣＵ加盟国間の為替レートの変動幅を、中心のレートから上下2・25%以内に均《なら》すために、各国の通貨当局に無制限の為替介入を義務付ける」システムということになりますが、かんたんに言うと、「ＥＣＵ加盟国間の為替レートを固定しましょう」という制度です。当時のイギリスは、このＥＲＭを採用していました（このことについては、あとで再び触れます)。

しかし、ポンド危機以降、イギリスはERMから離脱し、変動相場制を採用する国になりました。欧州最大規模の経済を誇るイギリスが、ユーロに加入していないのはそのためです。

その後、イギリスに続いてイタリアもERMを離脱しました。そのため結果的に欧州通貨制度（EMS）の域内の通貨を固定相場化するという取り決めは維持できなくなり、EMSは93年8月に、事実上の変動相場制に移行せざるをえない状況に追い込まれました。これが「欧州通貨危機」です。

不整合な三角関係

欧州で通貨危機が起こった背景には、「不整合な三角関係」がありました。

「不整合な三角関係」とは、「金融政策を自由に行ないたい」、「為替レートを固定したい」、「為替市場に誰もが自由に参加できるようにしたい」という政府の3つの目的のうち、同時に達成できるのは2つだけで、その2つ以外の1つの目標の達成は放棄せざるをえなくなるという関係のことです。これを図に表したものが図表3です。

たとえば、金融政策を自由に行ない（＝金融政策を国内の景気変動に対応するために行な

図表3　不整合な三角関係

※下記3つの目標は、同時にはどれか2つだけしか達成できない。
=どれか1つの目標は放棄せざるをえない。

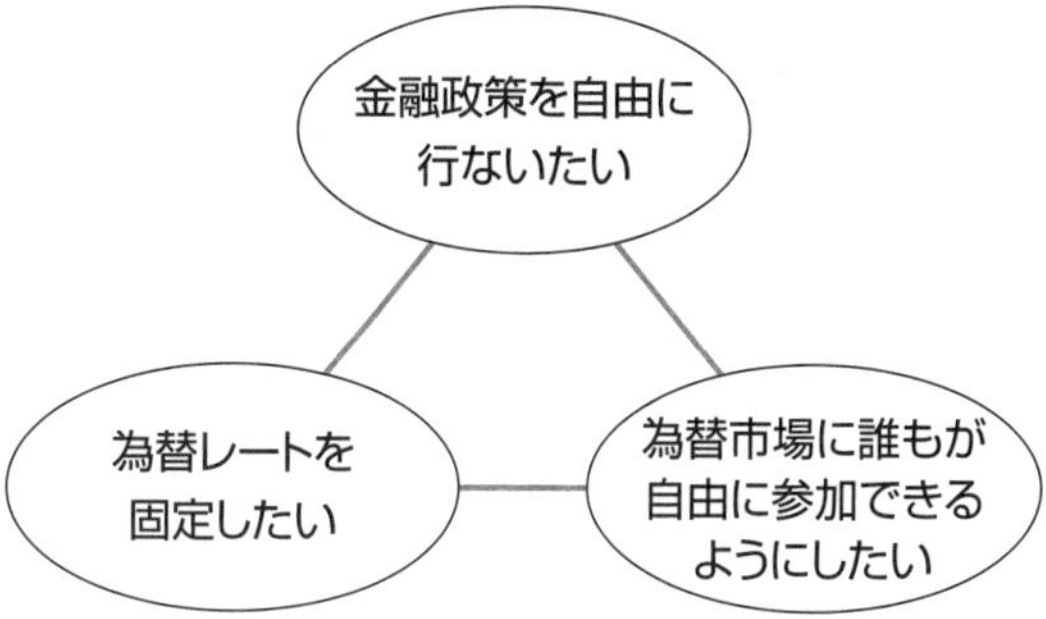

い）ながら、為替市場に誰もが自由に参加できるようにしたければ、為替レートを固定するという目標は捨てざるをえなくなります。もしくは、為替レートを固定しながら、為替市場に誰もが自由に参加できるようにしたければ、金融政策を自由に行なうという目標は捨てなければいけないということになるわけです。

そしてこの「不整合な三角関係」から導かれる、「為替レートを固定しながら、為替市場に誰もが自由に参加できるようにしたければ、金融政策を自由に行なうという目標は捨てなければいけない」という帰結こそが、まさに固定相場制で通貨危機が起こりえる理由を示唆しているのです。

現在の欧州諸国の多くはＥＵ（欧州連合）に加盟しています。ＥＵとは端的に言うと、欧州各国の通貨を同一の通貨ユーロに統合し、経済的にも垣根を取り払う通貨統合・経済統合のことです。ＥＵ以前の欧州諸国は、世界的な固定相場制度システムであるブレトンウッズ体制【注2】が崩壊して以降、独自の固定相場制を採用していたのです。

この欧州諸国による独自の固定相場制度が、先述の欧州通貨制度（ＥＭＳ）で、この制度の下、欧州通貨単位ＥＣＵ（現在のユーロの前身）が生み出され、ＥＲＭ（欧州為替相場メカニズム）ができました。ＥＲＭとは前述の通り、域内の固定相場を維持するために、各国の通貨当局に無制限の為替介入を義務付けた制度のことです。つまり、ＥＭＳの加盟国は、強制的に加盟国間において固定相場制度の採用を義務付けられたわけです。

これを言い換えれば、「不整合な三角関係」のうちの1つ「為替レートを固定する」という目標を義務付けられたということです。残る選択肢は、「金融政策を自由に行なうこと」「為替市場に誰もが自由に参加できるようにすること」の2つで、ＥＭＳ加盟国はどちらか1つを選ばなければなりません。

この時加盟国は、「金融政策を自由に行なう」という選択肢をとりました。「為替レートを固定する」「金融政策を自由に行なうこと」という2つの目標を達成したいのであれば、「不整合な三角関係」からすると、「為替市場に誰もが自由に参加できるようにする」という目標を放棄しなければいけません。しかしＥＭＳ加盟国は、現実には、最後の目標「為替市場に誰もが自由に参加できるようにする」選択肢を放棄しなかった——厳密には放棄できなかったのです。

そのため最終的には、当初の目標だった「為替レートを固定する」という選択肢を放棄、すなわち変動相場制に移行せざるをえなくなり、「金融政策を自由に行なう」と「為替市場に誰もが自由に参加する」の２つの選択肢をとったのです。

通貨の総量と為替レートの関係

なぜそうなってしまったのでしょうか。これは、ドイツが「金融政策を自由に行なう」ということを先に決めてしまったことから始まったのです。

【注２】１９４４年７月に連合国44ヵ国の代表が、米国ニューハンプシャー州ブレトンウッズに集まり、国際通貨制度の再構築、ならびに安定した為替レートに基づいた自由貿易に関する取り決めを行なった。その取り決めがなされて以降の、世界的に固定相場制度を採用した経済体制のことをブレトンウッズ体制という。１９７１年８月にこの体制は崩壊。

当時のドイツは、90年の東西ドイツの統合に伴う莫大《ばくだい》な財政負担によって起きた、行き過ぎたインフレーション（＝物価の上昇、景気の過熱）に悩まされていました。そこで、それを抑えこむために、ドイツ政府は独断で（ドイツの金融政策を司る中央銀行「ドイツ連邦銀行」が）金融引き締め政策（＝金利を引き上げる政策）を実行したのです。

ドイツ連邦銀行が金利を引き上げると、ドイツ国内の企業が銀行から資金を借り入れる際の金利は上がります。そうなると、企業は銀行からお金を借りにくくなります。

その状況は、本来銀行から資金を借りて行なうはずだった新規出店や設備投資などの投資活動を減らさざるをえなくなるという事態を生み出します。ドイツ国内の企業の投資活動が減少すれば、ドイツ国内に出回るお金の総量は減ります。それは、経済全体に循環するお金の量が減ることを意味するので、自動的に景気の過熱を抑えることができます。つまり、行き過ぎたインフレを沈静化することができるのです（金融政策については第5章で、再度くわしく触れます）。

ここで重要なのは、ドイツが「金融政策を自由に行なう」という選択肢をとったことで、ERM加盟国がどのような影響を受けるのかということです。ドイツ連邦銀行が金融引き締め政策を行なった結果、「ドイツ国内に出回るお金（マルク）の総量」が減りました。これによって、ドイツとドイツ以外のERM加盟国間の為替レートが変動してしまったのです。為替レートとは、各国通貨の交換比率のことであることは第1章で確認した通りです。この為替レートは、ざっくり言うと、各通貨の総量の変化によって変動してしまうのです。

たとえば、ドル／円レートの話であれば、アメリカ国内に出回っているドルの総量が100ドル、日本国内に出回っている円の総量が1万円だったとしましょう（実際はそんなことはありえないのですが、話をシンプルにするため、あえてそうしましょう）。この時、ドルと円の2国間の総量の比は、100：1万になるので、ドルと円の交換比率は、100ドル＝1万円ということになります。これを1ドル当たりに換算すると、円とドルの交換比率であるドル／円レートは、1ドル＝100円になるわけです。これが、為替レートの決まり方の基本です（実際にはもっと複雑ですが、ここでは簡略化して説明しています。くわしくは第4章でお話しします）。

このとき、日本の金融政策を司る日本銀行が金融引き締め政策を行ない、日本国内の円の総量が8000円まで減ったとしたら、ドルと円の総量の比は、100：8000になってしまいます。これを1ドル当たりに換算すると、ドル／円レートは1ドル＝80円となって、20円の円高が起こることになります。

ざっくりですが、この原理がわかると、ドイツ連邦銀行が金融引き締め政策を行なった結果、ＥＲＭ加盟国における各通貨間の為替レートがどう変動するかイメージできるようになるでしょう。

ドイツのマルクが減る動きに対して、イギリスの中央銀行（イングランド銀行）が手を打たなければ、イギリスに出回っているポンドの総量は一定です。ということは、ドイツ国内のマルクの総量は減ったのに、イギリス国内のポンドの総量は変わっていないことになります。

すると為替レートの世界では、マルクの価値が上がるマルクの独歩高（＝マルク高・ポンド安）の状況が起こってしまいます。結果的に、「為替レートを固定しましょう」というＥＲＭの規約違反になるわけですから、由々しき事態です。

「固定相場制を維持する」という目標を捨てぬまま、ドイツが金融引き締め政策を続けるためには、ドイツ以外の国、たとえばイギリスやイタリアも、それぞれポンドやリラの総量を減らす金融引き締め政策を同時に行なう必要があります。しかしこの時、イギリスやイタリアは国内の事情から、それを行なうことができなかったのです。

なぜ金融引き締めを行なえなかったのか？

ドイツが行き過ぎるインフレを沈静化させようとしていた頃、イギリスやイタリアでは、国内経済が停滞気味でした。ここで、イギリスとイタリアが金融引き締め政策（＝金利を上げる政策）を行なえば、両国の景気は壊滅的な状況に陥ってしまったでしょう。

またしても「不整合な三角関係」の話です。ドイツは「為替レートを固定する」という目標を捨てないまま、独断で「金融政策を自由に行なう」という目標を実行に移しました。しかし、イギリスとイタリアは、「為替レートを固定する」という目標を捨てられない上に、「金融政策を自由に行なう」という選択肢さえ奪われていた状態だったのです。

この時、「では、イギリスもイタリアも不整合な三角関係のうちの〝為替市場に誰もが自由に参加できるようにする〟という目標を放棄すればよかったのでは？」と思われるかもしれませんが、事はそうかんたんな話ではないのです。なぜなら「誰もが自由に為替市場に参加できるようにする」という状態はすなわち、「誰もが自由に為替市場に参加して、〝自由に貿易を行ない〟、対価のやりとりを、為替市場を通して行なうことができるようにする」ということだからです。

これは何を意味するのでしょうか？　「為替市場に誰もが自由に参加できるようにする」

という目標を放棄することは、すなわち「他国との自由な貿易を禁止する」ようなものなのです。早い話が、鎖国をするようなものです。そうなると、海外から商品を輸入できなくなるどころか、自国製品も他国へ輸出できなくなってしまいます。こうして、外需が失われてしまえば、経済にとってあまりにもコストが大きい。ですから、現実的にはどの国も、「為替市場に誰もが自由に参加できるようにする」という目標を放棄することはできないということになるのです。

為替介入は小手先の政策？

右記の理由でイギリスとイタリアは「為替市場に誰もが自由に参加できるようにする」という目標を放棄できなかったわけですが、「為替レートを固定する」という目標を義務付けられている以上、自動的に「金融政策を自由に行なう」ことを放棄せざるをえませんでした。

しかし、ドイツが「金融政策を自由に行なう」ことをやめないかぎり、イギリスとイタリアは為替レートの変動を止めるべく、金融引き締め政策以外の何らかの善後策を講じなければいけなくなります。そこで行なわれたのが、イギリスとイタリアによる為替介入でした。

この時すでに、ドイツの独歩高は起こりはじめており、イギリスとイタリアは、自国の外貨準備（この場合マルク）を為替市場で売ることで為替介入を実施し、固定相場を維持しようとしました。為替市場において、マルクを売る人が多くなれば、マルクの価値は下がります。この時、マルク安は実際に起こりました。

しかし、先述のように、外貨準備には明確な上限がありますから、為替介入は、為替レートの応急処置的な調整政策でしかありません。為替介入を行なっている間は効果がありますが、外貨準備が底をつくなどして中止したら、為替レートは元々動くはずだった方向に向かって再び変動しはじめるということになるのです。

このことに気づいていたのが、ヘッジファンドです。この時、通貨アタックを起こせば、濡れ手で粟の莫大な利益を手にできることは目に見えていたのです。ほぼノーリスクで利益を得ることができるような状況を放っておく手はないでしょう。まさに、据《す》え膳《ぜん》食わぬはなんとやら、です。

かくしてヘッジファンドは、イギリスに通貨アタックを仕掛けました。その目論見《もくろみ》通り、イギリスの外貨準備は底をつき、固定相場制から離脱し変動相場制に移行後、急激なポンド安（＝ポンドの暴落）が起き、ヘッジファンドは巨万の富を手に入れた後に、悠々と市場から去っていったのです。

残されたのは、イギリスの固定相場制脱退——ＥＲＭからの離脱という現実でした。

実際、すべての通貨危機はこれと似た経緯をたどり、結果的にどの国も、変動相場制への移行を余儀なくされることになったのです。

通貨危機は変動相場制の国では起こらない

では、ここからは、「なぜ変動相場制の下では通貨の暴落が起こらないか？」ということに注目してみましょう。

その答えは、これまでの説明さえ理解できていれば、とても単純なものです。ここでは仮に「いま、ヘッジファンドが、日本の円を暴落させようとして、為替市場で日本円を大量に売り浴びせる通貨アタックを開始した」という想定で、その後の推移を考えていきます。

日本は変動相場制を採用しています。ということは、先述の「不整合な三角関係」の中の1つである「為替レートを固定する」という目標を日本は放棄していることになります。変動相場制を採用している以上、為替レートが円安方向に動こうが、政府当局として、それを元の円高水準に戻さなければいけないというルールはないわけです。

ですので、変動相場制の国では、通貨アタックが起こっても何も困らないのです。……と言い切ってしまうと身もフタもないので、ここでは百歩譲って、「では、仮に通貨アタックによって現在の日本で実際に円安が起こったら、どんな事態が待っているのか?」について考えてみることにしましょう。

答えはかんたん。「日本の景気が回復してしまう」のです。

その理由はすでに述べた通りです。53ページの図表1で、現在の日本で起こっている円高が、いかに日本の名目GDPを引き下げているかを確認しました。これは、裏を返すと、逆に円安が起これば、名目GDPは回復するということを意味しています。ですから、現在の日本が通貨アタックに遭うことは、おおいに結構、歓迎すべき現象と言えるのです。

通貨アタックは起こるのか?

では、現在の日本にとって円安が起きるのは歓迎すべきことだとして、実際にヘッジファンドが日本に通貨アタックを仕掛けてくることがあるでしょうか?

答えは「NO」です。なぜそう言えるのか確認していきましょう。

そもそもヘッジファンドが通貨アタックを仕掛けてくるのは、その国が固定相場制を採用し、かつ不況でもあるため、政府がヘッジファンドによって仕掛けられた通貨安圧力を緩和するための金融引き締め政策が発動できなくなっている状況の下です。

金融引き締め政策をとれない以上、政府に残された対抗措置は、小手先の為替介入政策しかありません。ヘッジファンドの資金は巨額です。ヘッジファンドは、その政府の外貨準備の残額を知っていて、自らの投機資金がそれに勝ると確信しているからこそ、先物為替予約をして、通貨アタックを仕掛けてくるというわけです。

では現在の日本ではどうでしょうか？　ヘッジファンドが円安を起こす通貨アタックを仕掛けてきたとすれば、為替レートは円安方向に傾くでしょう。その時、日本政府はどういう行動に出ると思いますか？　私は、ヘッジファンドのこの動きを放置するのではないかと思います。なぜなら、現在の日本にとって、円安は良いことだからです。

大きな円高圧力のある現在の日本において、ヘッジファンドが通貨アタックを仕掛け、そして日本政府がその動きを放置したとすれば、ヘッジファンドの資金が尽きるところまで円安は進むでしょう。そして、その時点で円安は止まり、そのあと為替レートはまた円高方向に戻っていきます。日本政府が金融政策を発動しない以上、円とドルの総量比に変化は起きません。つまり、元々の趨勢としての円高圧力に変化は起きないと言えます。

この時点で、ヘッジファンドの負けが確定します。なぜなら、円安が続くと見越し、先物予約をしているので、先物予約の確定日がきた時点では円高に戻っているため、ヘッジファンドは大損をする羽目になるからです。

「金融政策を自由に行なう」ことのできる日本の場合、政府は日本銀行を通して通貨の総量自体を直接変更できます。ですから、本気で通貨の総量を増やそうと思えば、乱暴に言ってしまえば、紙幣を印刷する輪転機を回せばいいだけです。いわば、資金は無尽蔵にあるわけです。

一方のヘッジファンドは、通貨アタックはできても、通貨の総量自体を変えることまではできません。通貨の総量を変更できるのは、その国の通貨当局である中央銀行、日本の場合は日本銀行だけだからです。

つまり、通貨アタックの資金が尽きた時点で、日々の為替取引に使用される資金量の変化(＝円安圧力)は瞬時に止まってしまいます。しかもこの時、日銀が動いていない以上、根本的な円とドルの総量に変化は起こりません。後でくわしくお話ししますが、元々ドルの総量に比べて、円の総量が少ないために円の価値が上がっている日本では、通貨アタックが起きようが起きまいが、日本銀行が動かなければ、その元々の趨勢——円高を起こしている円とドルの総量比——に変化は起きないのです。

円とドルの総量比に変化が起きない以上、通貨アタックによって一時的に為替が円安方向に傾いたとしても、ヘッジファンドの資金が枯渇した時点で、為替は必然的に元の円高方向に収斂《しゅうれん》していきます。

その時のヘッジファンドの損害額たるや、それは莫大なものになるでしょう。前述のように、ポンド危機の時、ジョージ・ソロス率いるクォンタム・ファンドが通算で約２兆５００0億円もの利益を上げたということを考えれば、逆にそれと同じ規模の損失がヘッジファンドに降りかかってくることになるはずです。そんな大負けすることが見えている勝負に、ヘッジファンドが打って出ることはありません――それがこの項の結論です。

【結論】現在の趨勢的な円高傾向にある日本では、ヘッジファンドによる通貨アタックは起こらない。もし起こったとしても、その時の円安は、日本に好景気をもたらし、ヘッジファンドは自身の資金が尽きた時点で大損が発生する。

ここまで、「現在の趨勢的な円高傾向にある日本では、そもそも通貨アタックは起こらない」という説明をしてきましたが、ここからは反対に、「日本が趨勢的に円安傾向にある時に、ヘッジファンドがさらなる通貨アタックを仕掛けてきたらどうなるか?」ということについて考えてみます。

結論から言いましょう。やはり「日本の景気は回復する」のです。なぜなら、そもそも現在の日本でもし円安が起こっているとしたら、それは、日本の景気が回復していることを示しているからです。

円安が起こっているということは、円高の時と比べ、ドルの総量に対して円の総量のほうが多くなっていることを意味します。円の総量というのは、日本国内の経済全体に循環している円の総量が増加していることと同義ですから、日本全体で景気の回復が起こっていることにもなるわけです。

もしくは、仮に円の総量が一定だとしても、ドルの総量が減ることによって、円安が起きることもあるにはあります。しかし、この場合も、日本の輸出産業やその関連産業が正の影響を受けることに代わりはありません。この時、ヘッジファンドがさらなる円安を起こす通貨アタックを仕掛けてきたら、日本全体の景気はより一層回復してしまうということになります。

そして、もし仮に円安が進みすぎ、景気が過熱しすぎているとしたら、日本銀行が円安を止めるための金融引き締め政策を実施すればいいだけの話です。

金融引き締め政策とは、国内のお金の流通量を抑制させる政策です（逆に、金融緩和政策は、国内のお金の流通量を増やす政策です）。日本は、変動相場制をとっていますから、「不整合な三角関係」のうちの「金融政策を自由に行なう」ことのできる権利を有しているということになります。いくらヘッジファンドの資金が巨額なものとはいえ、通貨の総量自体を増減させることのできる金融政策の規模からすれば、雀の涙程度でしかないのです。もし日本銀行が本気で、ヘッジファンドの通貨アタックに金融政策をもって対応しようとしたら、ヘッジファンドの資金など、即座に凌駕《りょうが》してしまうでしょう。

【結論】現在の日本が趨勢的に円安方向に転換する時は、それは日本の国内の景気が回復していることを示している。もしここに円安を加速させる通貨アタックが起これば、さらなる好景気となるだろう。もし景気が過熱すれば、日本の通貨当局は即座に金融引き締め政策を発動し、その円安を止めることができる。

キャピタル・フライトは起こるのか？

こういう話をすると、識者と言われる人の中には「いやいや、それは、日本で景気が回復するかたちで趨勢的な円安が起こっている時の話だろう。だが、日本の景気が悪化することにより、日本悲観論が台頭《たいとう》することで、円の投げ売りともいえる資本逃避――キャピタル・フライトが起こったらどうするんだ？」と仰《おっしゃ》る方がいます。

日頃から経済に興味をお持ちの方は、この「キャピタル・フライト」という言葉を耳にしたことがあるかもしれません。この言葉が大きく注目を集めることになったのは、元金融庁顧問の木村剛氏が、２００１年に著した『キャピタル・フライト　円が日本を見棄てる』（実業之日本社）というショッキングなタイトルの本を出版した時からでしょう。

木村氏は、元日本銀行の職員で、小泉純一郎政権の際に金融庁の顧問を務め、かつ、竹中平蔵元金融担当大臣率いる「金融分野緊急対応戦略プロジェクトチーム」（通称竹中チーム）にも参加した人物です。

当時マスコミでも「木村‐竹中ライン」であるとか、「金融再生プログラム（通称竹中プラン）影の参謀」などと称され、大きく紙面をにぎわしたことで、ご記憶の方もいるかもしれません。実際に、２００３年には木村氏本人が、竹中氏による「金融再生プログラム」を詳細に解説した『竹中プランのすべて』（アスキーコミュニケーションズ）という本を出版し、大きな反響を呼びました。

氏はその後に興した日本振興銀行の会長として、２０１０年８月に銀行法違反（検査忌避）の疑いで東京地検特捜部に起訴されることになりますが、２００１年から２００３年にかけて、金融界に大きな影響を及ぼすオピニオンリーダーとして、注目を集めていたことには変わりありません。

ここで、木村氏がキャピタル・フライトをどう定義しているかを『キャピタル・フライト円が日本を見棄てる』の記述から確認しておきましょう。

自国経済の実態が通貨価値に見合わなくなり、資本が海外に脱出する。それがキャピタル・フライト資本逃避——である。

何も珍しいことではない。アルゼンチンやトルコばかりでなく、古今東西の多くの国で、幾度も幾度も実際に起こってきた。（26ページ）

ここから類推するに木村氏は、「キャピタル・フライトとは、アルゼンチンやトルコで起こった通貨危機のことである」と考えているらしいということがわかります。そして前の引用文から続く結論では、「日本が今後そうなる（＝キャピタル・フライトが起こる）可能性が高い」ということを示唆する文章になっているわけです。

つまり木村氏は、「日本で今後、アルゼンチンやトルコのような通貨危機（＝氏の表現ではキャピタル・フライト）が起こる」と言っているのです。

確かに、アルゼンチンやトルコでは通貨危機が起こりました。では、それと同じことが日本で起こるのでしょうか？　ここまで本書をお読みになってきた方なら、すぐに「違う」と反論できると思います。変動相場制の国では――特に現在の日本では――通貨危機は起こらないことはすでにおわかりですね。

１ドル＝２００円になったら……

さらに木村氏が、もし日本で通貨危機（＝氏の表現ではキャピタル・フライト）が起きたら、日本はどうなると考えていたかを、引き続き同書の記述から読み解いていくことにしましょう。

氏は、「近年一度ならず、海外のヘッジファンドやベテランの投資家から、こんな物騒な問い合わせを受けるようになった……」と前置きし、海外のヘッジファンドや投資家から個人的に（！）「日本に通貨アタックを仕掛けた場合、日本政府はどう対応するか？」という相談を受けたという話を披露することで、「実際にヘッジファンドなどが日本への通貨アタックを狙っている」というような印象を読者に与えています。その上で、次のように記しています。

もし、円が通貨危機に見舞われたら？　現状の1ドル＝120円前後という相場は瞬く間に崩れ、1ドル＝200円という水準になることも、何ら不思議ではない。（31ページ）

（引用者注：ここで1ドル＝120円とあるのは、同書の発売された2001年当時の日本の為替レートの値です）

では実際に、「現在の変動相場制下にある日本で、1ドル＝200円もの大幅な円安が起こったら、どんなことになるか？」を考えてみましょう。

直近の日本で、為替レートが1ドル＝200円近辺で推移していた時期というのは、19

85年の11・12月頃です。85年と言えば、日本電信電話公社（電電公社）が日本電信電話株式会社（NTT）に、日本専売公社が日本たばこ産業株式会社（JT）に民営化されたり、任天堂のファミコン用ゲームソフト「スーパーマリオブラザーズ」が発売され、社会現象を巻き起こしていた年です。

この時期は、日本が安定成長期と呼ばれた、まさに経済成長の時期の頂点にいた時です。つまり、1ドル＝200円当時の日本は、超好景気のまっただ中にいたということになります。しかし、それが終わりを告げるきっかけとなったのが、同年9月の「プラザ合意」でした。

プラザ合意とは、先進5ヵ国（日・米・英・西独・仏）の蔵相と中央銀行総裁による「行き過ぎたドル高を是正し、為替レートをドル安方向に動かしましょう」という合意のことです。ニューヨークのプラザホテルに集まってなされたことから、この名前がついています。

この合意により、参加各国の通貨は、米ドルに対し一律10～12％の切り上げ（自国通貨高）を強《し》いられました。これは、裏を返せば、参加各国はドル安を起こしてアメリカ経済の回復に貢献しましょうということです。そして実際に、合意の翌日にはドル／円レートが1ドル＝235円から1ドル＝215円へと、約20円の円高になり、翌年には1ドル＝120

円まで円高が進行したのです。

「プラザ合意」で円高が進んだ結果、日本に起こったことは、日本の安定成長期の終焉《しゅうえん》と、円高不況でした。これによってアメリカ経済は息を吹き返しましたが、一方で日本は大きな不況に見舞われたのです。つまり現在の日本で1ドル＝200円という超円安が起きたらどうなるか？　やはり結論は、「日本の景気が回復してしまう」ということでしかありません。

はっきり言って、木村氏が著書の中で展開する主張は、まったくの杞憂《きゆう》だったということになりそうです。実際、氏が『キャピタル・フライト』を著してすでに10年以上が経過しましたが、日本ではキャピタル・フライト（＝超円安）の兆候どころか、超円高のまっただ中にいるという状況です。

日本の財政赤字が増えつづける一因

ここで、なぜアメリカがプラザ合意によって、ドル安を望んだかを考えてみましょう。

85年当時のアメリカは、財政赤字と貿易赤字の「双子の赤字」にあえいでいるという状況でした。

当時の為替レートは1ドル＝230円前後の円安・ドル高状態で、これでは、アメリカの製品は日本製品に比べ割高になり、価格競争で負けてしまいます。その結果起こったのが、アメリカの貿易赤字の増大という問題です。

これは、かんたんに言うと、アメリカの輸入量が、輸出量を上回っている状態を指します。つまり、世界中でアメリカの製品が他国の製品に負けていることを意味します。この時、アメリカ国内の輸出産業が大きな苦境に立たされていたわけです。アメリカは、この状況を解消するために——行き過ぎたドル高を是正するために——、「プラザ合意」によって円高・ドル安になることを求めたのです。その結果、右記のように、円高が進んでいきました。

円高は、日本の貿易収支の赤字化を促進します。事実、日本の貿易黒字は、円高の進展とともに減少の一途をたどっているのです。次ページの図表４を見ると、いかに為替レートと貿易収支（貿易黒字の増減）が連動しているかがわかります。つまり、日本の貿易黒字は、円安が起こると増え、円高が起こると減るのです。

ちなみにここからわかることは、為替アナリストがよく言う「貿易収支が黒字の国は通貨が高くなる」という説がいかに誤ったロジックで成り立っているか、ということです。実際は、そんなことはまったくなく、通貨高が逆に貿易収支の黒字を減らしているほどで、彼らは因果関係を取り違えているどころか、まったく逆の結論を導き出してしまっているのです。

図表4　ドル／円レートと日本の貿易収支額

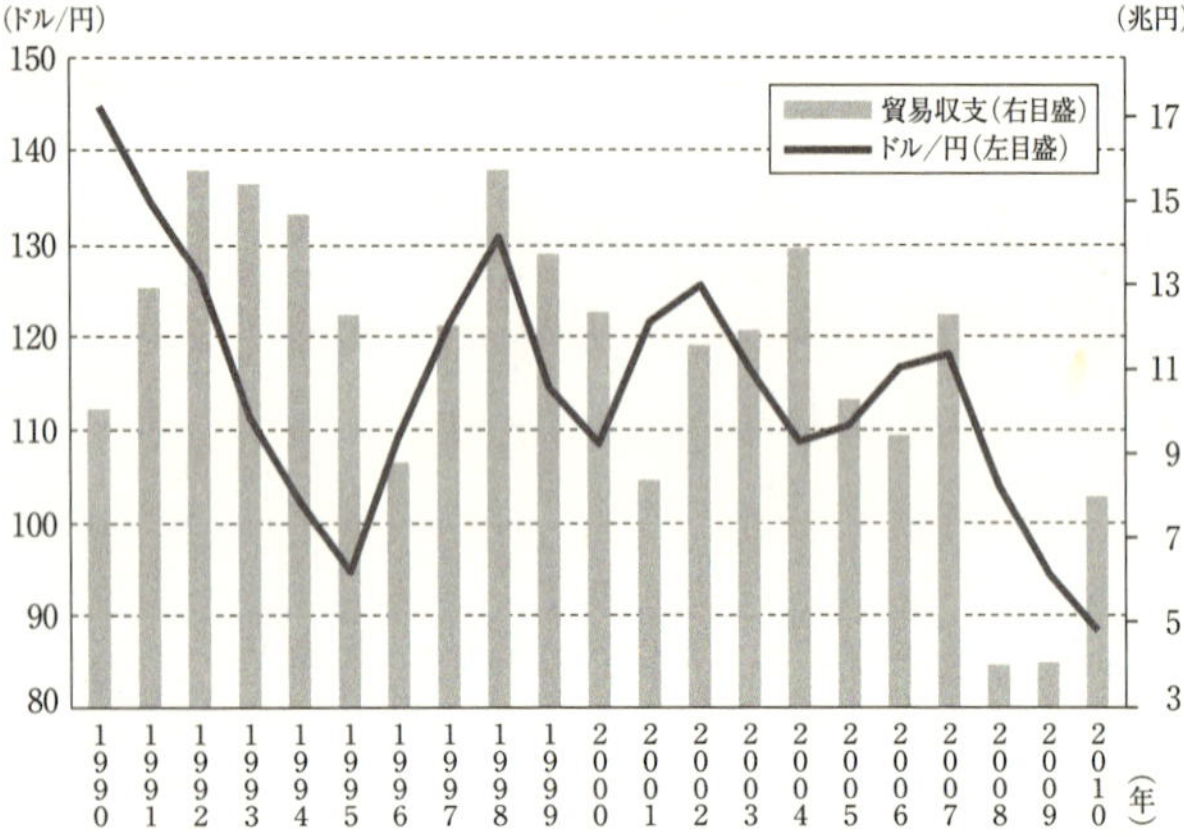

出所：IMF

そして、たびたび出てきますが、53ページの図表1からわかることは、為替レートが円高になるたびに、つまり日本の製品が円高によって負けるたびに、日本の景気（＝名目GDP）は低下しているという事実です。

さらに円高は、日本の名目GDPを減少させる効果を通し、税収も減らしています。それがわかるのが図表5です。

日本の税収の三大構成要素は、「消費税による税収」「所得税による税収」「法人税による税収」です。そして、この3つは、景気の悪化（＝名目GDPの減少）によって確実に減ってしまうものなのです。

なぜなら、景気が悪くなれば、消費者は買い控えをするので消費税の税収が減るし、国

図表５　ドル／円レートと日本の一般会計税収額

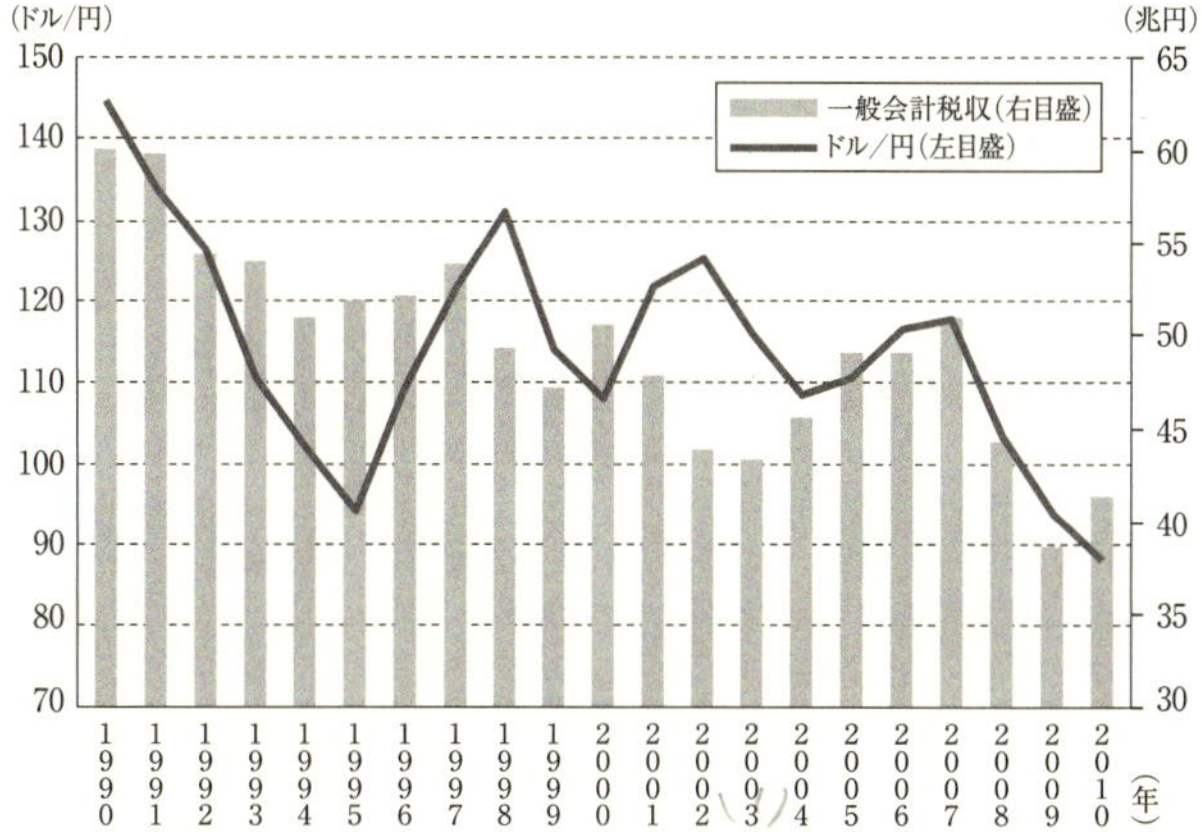

出所：IMF、財務省

民の所得が下がることで、そこにかかる所得税の税収も減ります。そして、法人税は法人（＝企業）の所得に対してかけられる税なので、景気が悪化し、企業の所得が減れば、法人税の税収も減るのです。

つまり円高は、名目ＧＤＰを減少させる効果でもって、日本全体の税収を減らし、ひいては、日本の財政赤字の大きな原因の一つになっているのです。

現在の日本で「〝日本売り〟や〝キャピタル・フライト〟が起こる」と主張する人たちは、「日本経済の財政赤字の増大」をその根拠にしています。しかし、図表５からもわかる通り、日本の財政赤字は、そもそも円高自体によって引き起こされている部分も大きいということなのです。

プラザ合意前の80年代前半のアメリカは、「増えつづける財政赤字と貿易赤字の〝双子の赤字〟によって経済が衰退する」と世界中から言われていました。これは、貿易黒字が減りつづけ、かつ財政赤字が増加しつづけている現在の日本に酷似した状況ではありませんか。

しかしアメリカは、問題の大きな原因の一つが、自国の通貨高（＝ドル高）であることに気づき、ドル高を是正することを望んで強権を発動して、他国をも巻き込むかたちでドル安政策を推し進めました。結果、アメリカ経済は息を吹き返しました。

そう考えると、「円安」は日本経済にとって、悪魔であるどころか天使ですらあることがわかります。財政赤字の悪化と、長引く不況の中でいま、日本経済に求められているのは、プラザ合意でアメリカが「ドル安」を求めたのと同じく、「円安」そのものなのです。

「円高不況は乗り越えられる」という精神論

それでも円高を肯定する声は消えません。なかには、「精神論」まで持ちだす人もいます。彼らの理屈は次のようなものです。

「プラザ合意に端を発する円高・ドル安によって、日本は実際に大きな景気後退局面を迎え、

〝円高不況で日本は終わる〟とまで言われた。しかし、円高・ドル安の是正がなされないままでも景気は回復したではないか。当時の日本人は、たゆまぬ努力とコスト削減によって円高不況を乗り越えた。だから円高で景気が悪いなどと言うのは言い訳にすぎない」

――なるほど確かに、その直後にバブル景気と呼ばれる空前の好景気が訪れたことを考えると、一見説得力のある説のように思えます。

しかしこの説を主張する人は、この時期、「ある経済事情の変化」があったことを見逃しています。その「経済事情の変化」とは次の2つです。


⑴85年9月のプラザ合意によって、日本は1ドル＝235円近傍《きんぼう》の円安値から、87年12月までかけて一気に1ドル＝122円までの円高が進んだ。しかし、その後為替レートは反転。90年4月までかけて1ドル＝160円近傍に戻すまでの円安局面にあった。

⑵80年当時1バレル（159リットル）40ドルまで急騰していた原油価格が、86年8月には1バレル7・7ドルまで急落していた。


まず⑴について言うと、当時の日本が円高不況を克服した背景には、日本人の努力も多少はあったかもしれませんが、それよりもその後すぐに起こった円安による可能性が高いということです。

また⑵の原油価格の低位での推移は88年まで続くことになります。つまり、原油価格が急落したことで、日本全体のコストが下がり、景気の回復に大きく寄与しただろうということです。

この2つのことを考慮に入れると、「当時の日本人は、たゆまぬ努力とコスト削減によって円高不況を乗り越えた」という説が、とても怪しいということがわかってきます。当時、円高が続き、原油の高騰が続く中で景気の回復が起こったのだとしたら、確かにそうも言えたでしょう。しかし、現実はそうではありません。

そもそも、85年の円高不況の時期でも、為替レートは1ドル＝122円という、現在からすればまだかなりの円安水準でした。それを考えると、現在の円高がいかに厳しいものかということがおわかりいただけるでしょう。

専門家の意見を無批判に垂れ流すメディア

ここまでで、日本人の円高好きと円安忌避の考えがいかに間違っているかを述べてきました。しかし現在の日本では残念ながら、為替に関する本書のような議論は、ほとんど目にする機会がありません。

そういった状況の下、「円高は強い日本経済のあらわれである」「日本でもキャピタル・フライトが起きる」「日本が不況を脱出できないのは、日本人の質が低下して、根性がなくなったからだ」という主張を耳にすれば、「確かにもっともな話だ」と思ってしまうのも無理はないかもしれません。だからこそ私は本書を書いています。

本書で取り上げた速水優氏や木村剛氏の発言は、かなり以前に発信されたものです。しかし今もなお、それに似た考えが、ニュースやワイドショーなどで、専門家であるはずのコメンテーターによって、もっともらしく語られています。

私自身もつい先日、ニュース番組のコメンテーターによる「現在の日本の円高は、欧米に比較して強い日本経済のあらわれですね」といったコメントや、（欧州の債務危機問題を解説した後に）「日本でもいつキャピタル・フライトが起こるかわかりません」といった発言を耳にし、ひっくり返りそうになる思いをしたばかりです。このような必ずしも正しいとは言えない考えでも、識者や専門家によって語られれば、その発言の是非は特に検証されることもなく、そのまま無批判に伝えられ、それが〝常識〟と化してしまうのが、日本の現状なのです。

経済の専門家だからといって、マスコミだからといって、与えられた情報を、精査や検証もなしに信用してはいけないのです。

第4章　為替レートはどのように動くのか？

2つのパターン

前章において、世間に流布する「円高性悪説」の誤りを確認したところで、ここからはいよいよ、本題である為替レートの今後の動きを予測する方法について考えていくことにしましょう。これは、第1章でお話しした「為替レートを導く、ある法則」すなわち「神の見えざる手」を探し出すことでもあります。

ところで、為替レートの動きを見るには、長期のトレンドと中短期のトレンドの2つのパターンがあるのですが、まずは前者から話を進めていきます。

購買力平価とは

為替レートの長期的な動きを見るのに有効な指標が、「購買力平価」です。

購買力平価とは、自国と同じ品質で同じ満足度が得られるモノやサービスを、他国で購入する場合、その価値が等しくなるように通貨の交換比率は決まるはずだ、という考え方です。この「自国と同じ品質で同じ満足度が得られるモノやサービスを、他国で購入する場合、その価値が等しくなる」という法則を「一物一価の法則」と言います。

購買力平価の具体例としてよく取り上げられるのが、イギリスのエコノミスト誌が毎年発表している「ビッグマック指数」です。マクドナルドのビッグマックは、東京で食べてもニューヨークで食べても、その味と品質は基本的に変わりませんね。味と品質が一緒なら満足度も一緒ということで、世界中のビッグマックは同じ価値にならなければいけないはずです。そのビッグマックを購入する際に店頭で支払う２国間の金額の比率が、その時の２国間の為替レートになるということです。そして、その数値を表すのがビッグマック指数で、購買力平価のひとつの例です。

仮に、ビッグマックがアメリカでは１ドル、日本では80円で売られているとしましょう。この時のビッグマック指数は、１ドル＝80円ということになります。

エコノミスト誌の２０１１年７月22日号によれば、２０１１年７月25日時点のビッグマック指数は１ドル＝78・43円となり、２０１１年12月現在のドル／円レート（１ドル＝78円台前半）にほぼ近い数字になっています。

とは言え、過去のドル／円のビッグマック指数を見ると、必ずしも実際のドル／円レートとは一致していません。その意味では、ビッグマック指数はあくまで参考値であって、その数字自体がドル／円レートの実勢を適正に表しているとまでは考えないのが賢明と言えましょう。

購買力平価の正しい算出方法

では、エコノミストの世界で購買力平価を見る際に使われるのは、どんな数字でしょうか？

それは「物価指数」と呼ばれるものです。これについて説明していきましょう。

ビッグマックの場合、世界中のマクドナルドでほぼ同じ品質のものが提供されているので話はかんたんでした。

しかし、世界で取り引きされているものはビッグマックだけではありません。日本国内で取り引きされている、すべてのモノやサービスとまったく同じ質のものが、外国で入手できるとは限らないわけです。たとえば、理髪店のサービスは国ごとの文化の違いなどもあり、世界一律のサービスではないはずです。

私がふだん通っている理髪店では、散髪が終わった後に冷たいお茶を出してくれて、軽いマッサージまでしてくれます。もちろん、それらの料金は散髪代に含まれていると思いますが、アメリカの理髪店でも同様のサービスをしてくれるところがあるかどうかはよくわかりません。もし、日米で理髪店のサービスが異なるのであれば、お客は日米で同じ満足度を得られるとは限らないので、ビッグマック指数のように単純に「購買力平価」を計算することは不可能でしょう。

そのため、正しい購買力平価を求めるにあたっては、取り引きが活発に行なわれているモノやサービスを選び出して集計した「価格指数」で比較することが多くなるわけです。

さらにこの場合、通常は、散髪やマッサージなどの「サービス」は除外し、「商品（モノ）」を中心に集計した物価指数を使ったほうが計算しやすく、為替レートを考える上でも適切だと思われます。

以上を踏まえると、「購買力平価」を考える場合には、サービスの価格が含まれていない「物価指数」を元に算出したほうが、より適正な数字を導きだせるというわけです。

物価指数には、「輸出物価指数」（輸出品の物価変動を示すもの）や「企業物価指数」（企業間取引における物価「商品価格」の変動を示すもの）などがあります。

また、一般の家計にかかる生活費の変動を示す「消費者物価指数」を用いて購買力平価を計算するケースも多々あるのですが、消費者物価指数には商品の価格以外にサービスの価格の変動も含まれているため、この指数で計算した購買力平価は、実際の為替レートとかけ離れて動いてしまいます。そのため、これによって適正な為替レートを見ようとするのは間違いということになります。

物価上昇率と為替レートの関係

それでは、実際の為替レート（この場合、ドル／円レート）と企業物価指数で見た購買力平価の関係を検証してみましょう（図表6）。

購買力平価と実際の為替レートの動きは正確には一致しているとは言いがたいのですが、おおよそのトレンドは示していると言えます。経済学者も為替アナリストも、長期的な為替レートの変動を見る基準として、購買力平価を使うことを否定する人はほとんどいません。

では、2国間の物価の動きの違いによって、実際の為替レートはどのように変動するのでしょうか？　これは、「物価の値上がり・値下がり」を考えると非常にわかりやすくなります。

物価が上がるというのは当たり前の話ですが、モノの値段が上がるということです。物価が上がると、私たちは物価が上がる前よりもお金をより多く払わなければ、同じ量や質のモノを購入することができません。

そう考えると、「物価が上がる」ということは、「お金の価値」に対して「モノの価値」が

図表６　実際のドル／円レートと購買力平価

出所：米商務省、日本銀行、FRB等データより筆者作成

相対的に上がるということを意味していることになります。逆に言えば、「モノの価値」に対して、「お金の価値」は相対的に下がるということになります。

ここで、為替レートは２国間の通貨価値の比率であるということを思い出してください。日本の物価がアメリカの物価に対して大きく上昇すると、「円の価値」は「ドルの価値」よりも、より大きく下落することになります。つまり、円がドルに対して安くなるのです。そして同時に、ドルは円に対して高くなるのです。

また、アメリカの物価が一定もしくは下がって、日本の物価が上がれば、相対的に円の価値は下がり、円安が起きます。逆に日本の物価が一定もしくは下がって、アメリカの物価が上がれば、相対的にドルの価値は下がり、ドル安が起きるということです。

これをまとめると、購売力平価からわかることは、

1．物価上昇率が〝高い〟国の為替レートは〝安くなる〟（＝通貨安が起こる）
2．物価上昇率の〝低い〟国の為替レートは〝高くなる〟（＝通貨高が起こる）

ということです。

これを踏まえて、前ページの両国の購買力平価の推移（図表6）を見ると、ドルに対して円は、ほぼ一貫して高くなっている（＝円高傾向にある）ことがわかります。そして実際の為替レートも長年円高傾向にあるので、この説明には整合性があるということになります。

ソロスチャートとは

ここで、図表6をもう一度ご覧下さい。購買力平価と実際の為替レートは、長期的には同じ動きをしているということを示していましたね。しかし、短中期的には多くの場面で乖離《かいり》

していることがわかります。

この購買力平価と為替レートの動きの違いが、どの時点から、なぜ生じているかを解き明かすことができれば、より正確に為替レートの行方を予想できそうです。

それを可能にするのが、「ソロスチャート」を使った分析方法です。

「ソロスチャート」は「中央銀行が供給するマネタリーベースの量の単純な比率の動き」を表しており、ある国のマネタリーベースを別の国のマネタリーベースで割った値の推移をチャート化したものです。これは、第3章でお話しした、イギリスにポンド危機をもたらしたヘッジファンドの投資家ジョージ・ソロス氏が、為替レート（特にドル／円レート）を分析する際に用いていたとされるチャートです【注3】。

マネタリーベースとは、中央銀行が供給するお金のことです。世の中に出回るお金（マネーサプライ）の元になるお金という意味で、マネタリーベースやベースマネーと呼ばれています。具体的には、「中央銀行が新規に供給する現金」と、「民間の市中銀行の準備預金（日

【注3】実際はそれが本当かどうかはわかっていません。ジョージ・ソロス氏は実際の分析には、マネタリーベースではなく、各国中央銀行間のM1（現金と普通預金の合計値）の比率を用いていたとも言われています。

図表7　ドル／円レートとソロスチャート

注：日本のマネタリーベースは、日銀券発行残高＋総準備で算出
出所：FRB、日本銀行データより筆者作成

本では日銀当座預金）【注4】」を合計したもので、その量は、各国中央銀行のホームページで公開されています（日本銀行マネタリーベース公表ページ http://www.boj.or.jp/statistics/boj/other/mb/index.htm/）。

図表7は、ソロスチャートとドル／円レートの動きを示した図です。

この図の動きを見ると、ソロスチャートが比較的実際のドル／円レートの短期的な動きを捕捉できていることがわかります。

その意味でおすすめとも言えるソロスチャートですが、残念ながら現在、為替レートの動きを見る際に使用している人はほとんどいないでしょう。なかでもマーケットに遠い存在である経済学者（特に日本の）の間では、円とドルの供給量の総量を割っただけの単純な指標のせいか、すこぶる評判が悪いときています。

それはさておき、ここからソロスチャートについてくわしく見ていきましょう。

「ソロスチャート」の本質は、各国の中央銀行の金融政策における「積極性」の違いが、マネタリーベースの供給量の違いとなってあらわれ、それが為替レートを決めているということです。

たとえば、リーマンショック後、アメリカ経済が破綻《はたん》の危機に瀕した時に、アメリカの中央銀行であるFRB（連邦準備制度理事会）は「QE1（量的緩和第1弾）」「QE2（量的緩和第2弾）」と言われる量的緩和政策【注5】を実施、大量のドルを市中銀行に投入する政策を行ない、アメリカ経済全体に資金を潤沢に供給することで、経済に対する被害を最小限

【注4】みずほ銀行や三菱東京UFJ銀行などの街中にある一般の市中銀行が日本銀行内にある当座預金口座に預け入れている自己資金。市中銀行は、その資金を元に各種運用（一般の企業への貸出など）を行なっています。そして市中銀行は、この当座預金口座に法律で定められた、ある一定割合の自己資金を〝法定準備金〟として置いておかなければいけません。この法定準備金を超えた資金を、一般企業への貸出などの運用に回すことができるのです。

図表8　リーマンショック前後の日米マネタリーベースとドル／円レート

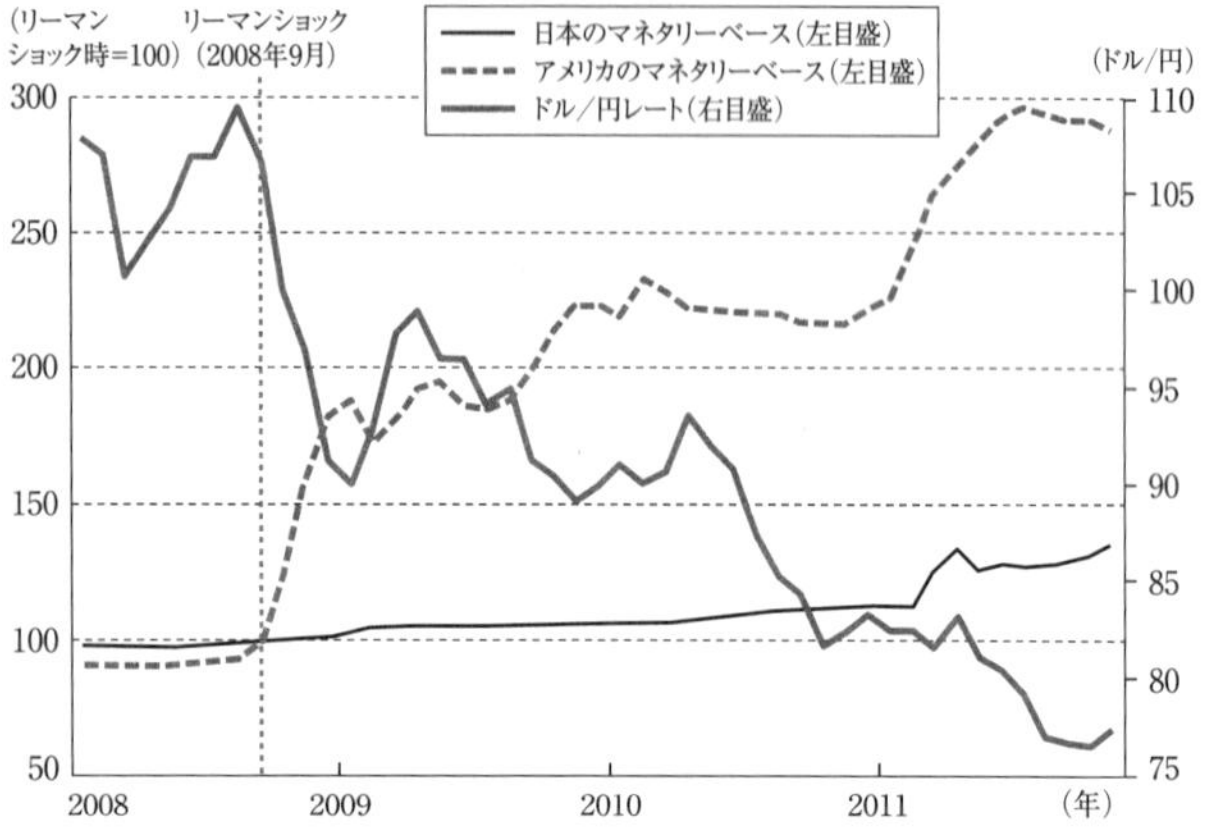

出所：FRB、日本銀行データより筆者作成

に抑えました。

しかし、リーマンショック後、日本の中央銀行である日本銀行はというと、緊急的に少額で短期的な金融緩和は実施したものの、「マネタリーベースを増やす必要はない」という態度であったため、ほとんど何もせず、アメリカのマネタリーベースが劇的に拡大する一方、日本のマネタリーベースはそれほど大きく増えなかったのです。

この時、一部の経済学者は、日米のマネタリーベースの比率から「円高ドル安」が起こると予想し、「日銀もマネタリーベースを拡大すべきである。このままでは円高が起こる」と主張したのですが、日銀は結局動かず、為替レートは大幅な円高になってしまいました。その動きがはっきりわかるのが図表8です。

ソロスチャートで説明できない時期

このように多くの場合、金融政策の差は為替レートの動きに大きく作用するのですが、実は、2002年から2007年にかけての約5年間は、日米の「マネタリーベース」の比率

【注5】量的緩和政策とは、その名の通り、中央銀行がマネタリーベースを〝量的に〟緩和する（＝増やす）政策のことで、端的に言うと「中央銀行が市中に出回るお金の量を増やす政策」ということになります。

具体的には、マネタリーベースの中でも、「民間の市中銀行の法定準備金（日銀当座預金）」を直接〝量的に〟増やす政策です。

中央銀行が量的緩和を実施する場合、たとえば一番メジャーな方法としては、「民間の市中銀行が保有する国債を中央銀行が買い取る」（＝買いオペレーション）という方法があります。つまり、国債を買い取る対価として、市中銀行の日銀当座預金に直接現金を振り込むわけです。これによってマネタリーベースの構成要素の中の一つである、「市中銀行の日銀当座預金」の中の現金が多くなるので、マネタリーベースを〝量的に〟大きくできるというわけです（151ページの【注7】も参照）。

図表9　ソロスチャートとドル／円レート

注：日本のマネタリーベースは、日銀券発行残高＋総準備で算出
出所：FRB、日本銀行データより筆者作成

とドル／円レートの動きがまったく連動していなかった局面というのが例外的に観察されたのです。それを確認できるのが図表9です（２００８年以降は、１２４ページの図表7参照）。

多くの経済学者は、この時期のことを挙げて、「ソロスチャートは使えない」という突っ込みを入れる傾向にあるようです。彼らは、いつの時代にも適合する永遠不滅な定理を導きだすという夢をもっているため、この5年間のように、例外的な事態が存在することを許容できないのです。

ともかく、90年代後半あたりは、為替動向を予想するための道具として「ソロスチャート」が流行していたのですが、２００１年以降は、「ソロスチャートは死んだ」かのように言われるようになりました（ジョージ・ソロス自身も、2001年の米国ITバブル崩壊をとどめとして勢いを失ってしまったようです）。

しかし、2007年以降、「ソロスチャート」は再び有効性を取り戻しているように感じます。また、私は2002年から2007年にかけての5年間ソロスチャートが実際のドル／円レートと異なる動きをしてしまった理由について、十分に説明可能だと考えてもいます。そして、この異なる動きをしている間に何があったのかということを分析すれば、為替レートの短期的な動きの原因を、かなり正確につかめるのではないかと考えました。

そこで、私がまず考えついたのは、この間、量的緩和によって日本のマネタリーベースがいくら増えても、為替レートにはほとんど影響がなかったのではないかということです。

当時の日本銀行の量的緩和は、各金融機関が緊急時（金融機関が経営破綻して、預金者が預金の引き出しに殺到した場合など）に備えるため、日銀内に各金融機関が開設している口座（日銀当座預金）に、大量の資金を供給するというかたちで行なわれました。

この日銀当座預金は、無利子です。つまり、各市中銀行は日銀当座預金に余分に現金を置いていても、一切金利収入を得ることはできません。

市中銀行（＝一般の銀行。以下、単に銀行）は、顧客から預金を預かり、その預金を自ら運用し、殖《ふ》やすことで収益を上げている利益団体（＝利益を上げることを目的とした団体）です。ですから、銀行は量的緩和を通して日銀から資金を供給されたことによって運用に回す資金が増えるので、収益を上げることのできる機会も増えることになるわけです。

銀行が資金を運用すれば、経済全体にとってプラスの効果があります。たとえば、株で運用すれば日本全体の株価は上がるでしょうし、為替で運用しようとすれば円安が起こるでしょう。また一般の企業への貸出を増やせば、日本全体に循環する資金の量が増えるので、日本の景気は回復するでしょう。このような考えの下、日本銀行による量的緩和政策という名の金融緩和政策は実施されたと言われています。

しかし実際には、景気はよくなりませんでした。これはおかしな話です。経済理論上も、この政策は間違っていません。むしろ当時の日本において、量的緩和は最も適切な措置だったと言えます。

では、なぜ景気はよくならなかったのか。結論から言うと、投資を積極的に行なうかどうかというのは結局、個々の銀行の経営判断に任されてしまうものだからです。

もし、銀行が「リスクをとるぐらいなら、無利子で収益を上げられないけど、このままでいいか」と考え、量的緩和によって供給されたお金を運用しないでおくと、結局資金は日銀当座預金に眠ったまま、経済に何ら効果を与えることができません。

つまり当時、ソロスチャートが為替の動きと連動しなかったのは、量的緩和によって増えたお金の量と、銀行の投資意欲が連動しなかったことが大きな要因であると考えられるわけです。

そこで私は、日銀当座預金のうち、法定準備金（１２５ページの【注４】参照）の額を超えて当座預金に残されている資金を、ソロスチャートの中から差し引く必要があると考えました。

銀行は通常、法定準備金の分だけ自己資金を残し、後は目いっぱい運用に当てます。なぜなら先ほどお話しした通り、日銀当座預金に資金を残していても、無利子ゆえまったく運用益を上げられないからです。

しかし、この時銀行は、日本銀行の量的緩和政策によって、法定準備金の枠以上に資金を供給されても、先述の理由で、その資金のすべてを運用に回したわけではありませんでした。各金融機関が法定準備金の枠を超えて日銀当座預金にため込んでいるこのお金のことを「超過準備」と言います。私はこの超過準備が、経済活動にまったく影響していないお金と考えたわけです。

図表10　ドル／円レートと修正ソロスチャート(日米修正マネタリーベース比率)

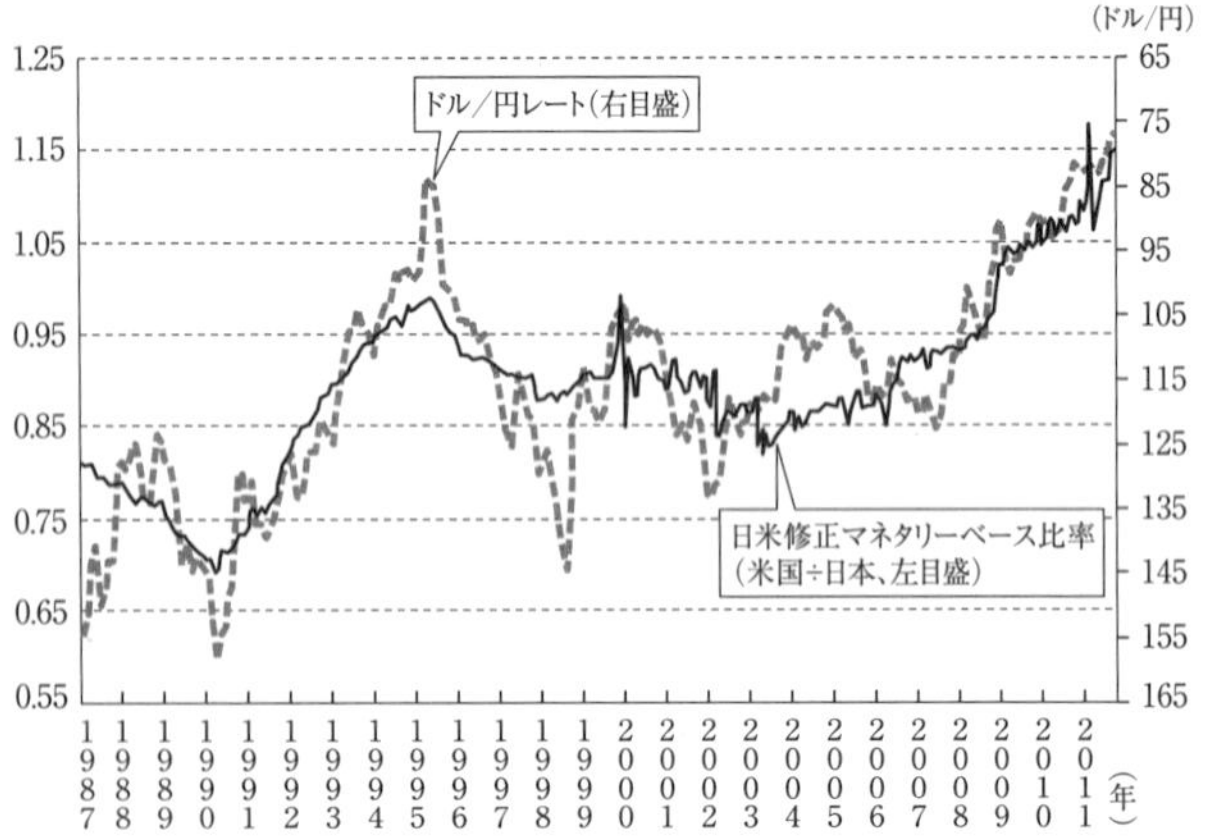

出所：FRB、日本銀行データより筆者作成

そして、この超過準備を日本のマネタリーベースの中の日銀当座預金から差し引いてソロスチャートを修正すると、ソロスチャートの有効性が復活したのです！　私はこれを「修正ソロスチャート」と呼んでいます（図表10参照）。

購買力平価と修正ソロスチャートの関係

ここで、改めて「修正ソロスチャート」の意味を考えてみましょう。

この章のはじめにも述べたとおり、「購買力平価」とは、2国間の「実際の物価」の動きの差から為替レートのトレンドを見る考え方です。対して修正ソロスチャートでは、購買力平価における「実際の物価」が、「予想の物価（今後の物価変動の予想値＝予想インフレ率）」に置き換わるところ、すなわち予想インフレ率の変動を織り込んだところがポイントなのです。

これは厳密には、銀行の〝予想物価〟です。修正ソロスチャートの理論には、銀行の投資意欲の変動が含有されています。そして、銀行の投資意欲の変動は（詳細は後述しますが）、銀行自身の物価変動の予想値（＝予想インフレ率）の変動によって生じているのです。

つまり、修正ソロスチャートが実際のドル／円レートの動きを的確に表していることからわかるのは、「為替レートは、2国における将来の物価についての予想の格差の変動によって動かされている！」ということなのです。

そして、「将来の物価についての予想」は、「金融政策の積極性」に大きな影響を受けます。日本を例にとれば、次のようなしくみになっていると考えられます。

⑴日本銀行が、断固たる意志を持って景気をよくしようと、積極的に金融緩和（＝量的緩和）をしてマネタリーベースを増やす
⑵この時、投資家は、日本が将来インフレ率の上昇に向かうだろうと考える
⑶こうして日本の予想インフレ率（物価変動の予想値）が上昇する一方、アメリカで予想イ

ンフレ率の変動が起こっていなければ、相対的に日本の予想インフレ率のほうがアメリカの予想インフレ率よりも高くなるため、実際の為替レートも円安になる

このしくみがわかると、なぜ日本銀行による当時の量的緩和が十分な円安を起こせなかったのかがわかります。

すなわち、このとき日本銀行は⑵の予想インフレ率の十分な上昇を起こせなかったのです。予想インフレ率が上昇すれば、⑶のように、日米で予想インフレ率の相対的な反転が起こるので、投資家がその動きを読んで行動すれば、日本のインフレ率の上昇が起こる前の段階で、円安局面が訪れていたはずだったのです（なぜそうなるかは次項でくわしくお話しします）。

しかし、当時の日銀は、消極的かつ、まさに嫌々という感じで、量的緩和を（しかも小規模に）行ないました。その結果、為替市場のプレイヤーの中でも存在感の大きい銀行が、「日銀は、将来インフレが起こるまで量的緩和を行なうつもりはないだろう」と考え、供給された資金をいたずらに日銀当座預金にため込んだだけということになったのです。こうして、予想インフレ率は上昇することなく、為替レートもわずかの円安しか起こらなかったのです。

将来についての予想が重要

修正ソロスチャートが意味するのは、為替レートが動くにあたっては、「投資家の将来の見通し」が大きな要因になっているということです。このように、実際の経済活動では、今現在の経済状況よりも、将来どのような経済状況になるかという「予想」が重要な意味を持っています。

たとえば、企業の設備投資も、現時点の収益動向よりも、この先収益がどう動くのか、という観点から決められています。企業の機械設備や工場などの建物（もしくは店舗などの営業設備）を拡張するために要した費用は、１年間といった短い期間で回収するのではなく、数年（工場などの建物は10年近く）かけて回収します。そのため、設備投資をするにあたっては、将来の経済動向についての予想をどのように立てるかが重要となるわけです。

これは、物価動向についても同様です。もちろん、現在の物価状況を把握《はあく》しておくことは大切ですが、将来についての「見通し」や「予想」のほうがより重要であるといえます。つまり、企業などにとっては、今後どう物価が変動するかの予想値、つまり予想インフレ率が重要で、というのも、それによって投資に要する費用の「実質的」な負担が変わってくるからです。

企業が生産設備の拡充や、工場の建設、新たな出店、店舗の拡大などの設備投資、もしくは雇用の拡大を行なう場合、銀行からお金を借りるか、自ら社債や株式を発行するなどして資金を調達しなければなりません。

そうなると、借りた金額に対して今後、どの程度の金利負担をしなければならないかの〝見通し〟が、この先どれだけ投資をするかの意思決定において決定的に重要になるのです。

たとえば年間の売り上げが100万円のF社があるとします。F社が銀行から資金を100万円借り入れて生産活動を拡大したいと考えた時、この時の金利（銀行から借り入れる際の利息）が1％で、この時、1年後に2％のインフレが起こると予想している（＝予想インフレ率が2％）だとしましょう。この時、F社は銀行から100万円を借り入れる行動に出るでしょうか？

予想インフレ率2％というのは、ざっくり言うと、「自社の商品価格が1年後2％上昇するであろう」という数字です。「自社の商品価格が2％上昇する」と予想するというのは、すなわち、商品価格が2％上昇しても売れる商品の個数が変わらなければ、売り上げが現在の100万円から、1年後は102万円に増えるだろうと予想しているということです。これは、Ｆ社の額面上の収益自体が２％増えるということを意味しています。

Ｆ社が銀行から１００万円を借りたとしたら、１年後に銀行に返さなければいけない利息（金利＝名目金利）は１％なので１万円です。そして、１年後のＦ社の売り上げは、予想インフレ率から２％増の１０２万円になるという予想が立っています。そうなると、利息を含めて１０１万円を銀行に全額返済しても、１０２万円マイナス１０１万円で、Ｆ社は１万円の利益を残すことができます。そこでＦ社は、銀行から１００万円を借り入れる行動に出るわけです。

これは経営者にとって、借入コストがその分減ることを意味します。この名目上の借入金利から将来のインフレ率についての予想を差し引いたものを、経済学の世界では「実質金利」と呼びます。賢明な経営者は、名目上の借入金利よりも、将来のインフレ率を控除したこの「実質金利」が高いか低いか、もしくは上昇するか下降するかを考慮に入れて、資金調達や設備投資の意思決定を行なおうとするはずです。仮に「実質金利」という言葉自体を知らなかったとしても、借り入れの際には無意識のうちに実質金利を頭の中ではじき出し、すなわち予想インフレ率を勘案しながら、実際に資金を借り入れるかどうかの判断をしているのです。

予想インフレ率と為替レートの関係

ここまでの話で、予想インフレ率が経済活動に極めて重要な意味を持つことがおわかりいただけたのではないでしょうか。実は第1章で述べた、為替市場に参加するプレイヤーが導かれる「神の見えざる手」とは、この「予想インフレ率」のことなのです。

そこで実際に、予想インフレ率が為替レートにどのような影響を与えるのかを考えてみることにしましょう。

これは、「購買力平価」の考え方とほとんど同じです。つまり、ドル／円で言うと、アメリカのインフレ率が、この先日本のインフレ率より大きく上昇すると予想されれば、将来のドルの価値は円の価値よりも大きく目減りする（＝ドル安が起こる）はずです。

なぜなら、投資家が「今後ドル安が起こる」という見通しに自信を持っているならば、円の価値が高くなる前に円を買うはずだからです。これは逆に考えると、ドルの価値が安くなる前にドルを売っておいたほうがいいはず、ということです。そうすれば、為替差益を得ることができますし、その機会を投資家がみすみす逃すということは考えられないからです。

そのため、実際の為替レートは、その見通しが本当に的中したかどうかを確認する以前、言い換えれば、「実際にインフレ率が高くなる」以前に動くのです。

為替レートは、2国間の〝予想インフレ率の変動〟とほぼ同時に変動し、〝実際のインフレ率の変動〟はそれに〝遅行する〟という特性を持っています。そのため、予想インフレ率の変動を織り込んだ先ほどの「修正ソロスチャート」は、予想インフレ率の変動とともに上下に激しく動き、実際の為替レートも、ほぼ修正ソロスチャートと同じ動きをしているのです。

それと同時に、2国間の実際のインフレ率の差からはじき出される購買力平価は、実際の為替レートの動きのように激しくは動かず、しかしながら的確に長期的な為替レートの動きを捉えているということになるのです。

かくしてこの理論通り、実際の為替レートは、修正ソロスチャート（132ページの図表10）の動きにほぼ連動して動き、購買力平価（121ページの図表6）は実際の為替レートの動きに遅行しつつ、かつ緩やかな弧を描きながら動く図になっているというわけです。

それよりも、数分、時には数秒単位で刻々と推移する為替レートの動きをにらみながら、売り買いのタイミングを瞬時に見極める動物的カンや、顧客に高値で売り付ける「話術」のほうが重要となってくるのです。

また私の感覚では、優秀な為替トレーダーやディーラーほどもの静かな人が多い印象があります。逆に、実力のない為替トレーダーやディーラーほど饒舌で、打ち合わせの場などで、自らの相場観を長々と語り出して、まわりの人を辟易とさせることも多く、悪い意味での理論家だったりするので困ったものです。こうした人たちが評論家となって為替レートの予想をメディアで披露することほど、一般の投資家にとって迷惑な話はありません。

為替アナリストの予想の根拠となる経済学が為替レートの変動をうまく説明できないこと、また、為替トレーダーやディーラーは為替レートの先行きの予想など必要のない世界で生きているということは、もはや疑いようのない事実なのです。

これまで話してきた点から言えることは、為替レートの先行きを読むのはあくまでも投資家自身であるべきで、本来は誰の意見も参考にしないほうがよいということでしょう。

【コラム3——優秀なトレーダーやディーラーほどもの静か】

為替の教科書に載っているような「為替レートの決定理論」には、いくつかのバージョンがあって、それぞれがもっともらしく為替レートの短期的な変動を説明しています。しかし実際のところ、教科書に載っている程度の考え方を用いたところで為替レートの動きを説明することはできません。

多くの教科書は、標準的な経済学の考え方を用いると為替レートの予想は十分にできるような書き方をしていますが、残念ながらその説明能力は、決して高くないのが現状です。経済学的なアプローチで為替レートの予測をするのは事実上不可能であると言及しているのは、『現代国際金融論』（小宮隆太郎・須田美矢子著　日本経済新聞社）くらいではないでしょうか。

そのため、経済学の理論や理屈で為替レートの動きを説明しようと苦闘するエコノミストの言うことを、実際のマーケットの現場で働く為替トレーダーやディーラーたちは、「机上の空論」と言って馬鹿にしがちです。それゆえに、言った者勝ちの「成功体験談」を持った「伝説のディーラー」の自己満足的な相場予想のほうが信頼を得ているというのが実情なのです。

だからといって、彼らが為替レートの動きを完璧に説明できる理屈やノウハウを持っているかというと、そんなことはまったくありません。そもそも彼らは、極めて短時間に売り買いを繰り返したり、顧客により高く転売したりすることで儲けを得るのが目的なので、必ずしも理路整然と為替レートの動きを説明できなくてもよいのです。

第5章　為替レートは何が動かすのか？

日米の予想インフレ率の差

第4章では、「購買力平価」「修正ソロスチャート」について説明してきました。

2国間の実際の物価動向（＝インフレ率）の差から求めた2国間の購買力平価の動きは、実際の為替レートの動きよりも緩慢で、為替レートの長期的なトレンドを表わすのみであるのに対し、修正ソロスチャートは、実際の為替レートの小刻みな動きを的確に捉えているらしいということがおわかりいただけたと思います。

また、実際の為替レートと修正ソロスチャートの小刻みな動きは、「神の見えざる手」、すなわち「予想インフレ率」に連動して、その動きが発生しているらしいということも見てきました。ということは、「日本の予想インフレ率」と「アメリカの予想インフレ率」が正確にわかり、「日米の予想インフレ率の差」を求めることができれば、今後のドル／円レートの動きはかなり正確に予測できるようになるでしょう。

アンケート調査を使う方法

では、そもそも予想インフレ率自体は、どうすればわかるのでしょうか？　その1つに、企業や家計に対してのアンケート調査を利用するという方法があります。日本では、その代表的なものとして日本銀行が実施している全国企業短期経済観測調査（日銀短観）や内閣府が実施している消費動向調査などが挙げられます。アメリカでは、ＩＳＭ（全米購買者協会）が実施している景況調査（製造業価格判断指数や非製造業価格判断指数が定期的に発表される）などがあります（もう一つの方法は次ページのコラム参照）。

この種のアンケート調査は、企業や消費者に、「1年後に物価（や自社の製品の販売価格）はどうなると思いますか?」と問いかけ、「上がる」「変わらない」「下がる」という3つの選択肢を提示して、そこから選んでもらうパターンが多いようです。

このアンケート調査の問題点は、将来の物価が「上がるとして、どのくらい上がると考えているか?」についての予測が得られないことです。企業や消費者の多くは、将来のインフレ率が具体的にどの程度になるかを日々考えているわけではありません。だから、アンケート調査の結果だけでは、「物価が1％上がる」と思っている人と「2％上がる」と思っている人の区別がつかないのです。

そこで、「上がる」「変わらない」「下がる」といったあいまいな回答を具体的な数値に置き換える手法が、統計学では開発されています。この手法はあまりにも専門的すぎて、ここでそれを説明するには紙幅が足りませんが、実際の為替レートの動きを予想インフレ率の差ただし、このブレーク・イーブン・インフレ率がマーケットにおいて信頼たりうるかを知るには、マーケットによって決まる価格自体が信頼たりうるものなのかどうかを検討せねばなりません。

それには、そのマーケットが多くの投資家を集め、取引が活発でなければなりません。取引量が少ないと、特定の投資家の影響力が強すぎて、その人物のさじ加減一つで価格が決まってしまう可能性があるからです。

その点で、日本のインフレ連動債のマーケットにはやや問題があります。国にとってインフレ連動債を発行するメリットは、インフレ率の上昇に応じて価格も上昇するので、デフレ時でも購入してもらいやすいという点です。しかし、デフレが長期化している日本では、インフレ連動債を発行するメリットが少なく、発行額は少額に止まってきているのです（デフレについては、次章でくわしくお話しします）。

そして、ついに2009年には、財務省がインフレ連動債の発行を止めてしまいました。そのため日本のインフレ連動債のマーケットは未成熟なままです。利回りを見ても、将来の日本のインフレ率に関する予想で動いているというより、海外市場のインフレ連動債利回りに連動している側面が強いようです。

これは、日本のインフレ連動債の参加者が海外投資家中心であるためかもしれません。海外投資家の多くは、日本がデフレだということは知っているものの、どの程度のデフレなのかとか、どれくらいデフレが続いているのか、といったことまではあまりわかっていません。そのため、日本のインフレ連動債市場から求められるブレーク・イーブン・インフレ率は、あまり信頼に足るものではない可能性が高いのです。

【コラム4――インフレ連動債】

予想インフレ率を計算する方法のひとつに、「インフレ連動債」のマーケットに着目するやり方があります。

インフレ連動債とは、物価、もしくはインフレ率が将来どう動くかによって、元本（もしくは金利）が増減する国債のことです。普通国債（一般の国債）だと、発行時に決められた利率と元本は、償還まで変わらないことが多いのですが、インフレ連動債は、インフレ率が上昇すればそれに連動して価格も上昇します。すなわち、インフレになればそれだけ元本が増えるので、投資家は将来的に物価がどのように動くかを真剣に予想して、インフレ連動債への投資を決定するのです。

この特殊な債券に注目することでも、他の投資家がインフレ率をどう予測しているかが判断できます。債券市場で取引されている普通国債の利回りと、インフレ連動債の利回りの双方を考慮に入れることで、債券市場が将来の物価変動についてどのように考えているか（＝その後の予想インフレ率）を計算できるようになるのです。

具体的には、普通国債の利回りとインフレ連動債の利回りの差が将来のインフレ予想になります。こうしてはじき出される予想インフレ率のことを、エコノミストの世界では「ブレーク・イーブン・インフレ率」(BEI）と言います。計算式は単純で、次のとおりです。

【ブレーク・イーブン・インフレ率】
＝予想インフレ率
＝普通国債の利回り－インフレ連動債の利回り

図表11　企業の予想インフレ率格差とドル／円レート変動率

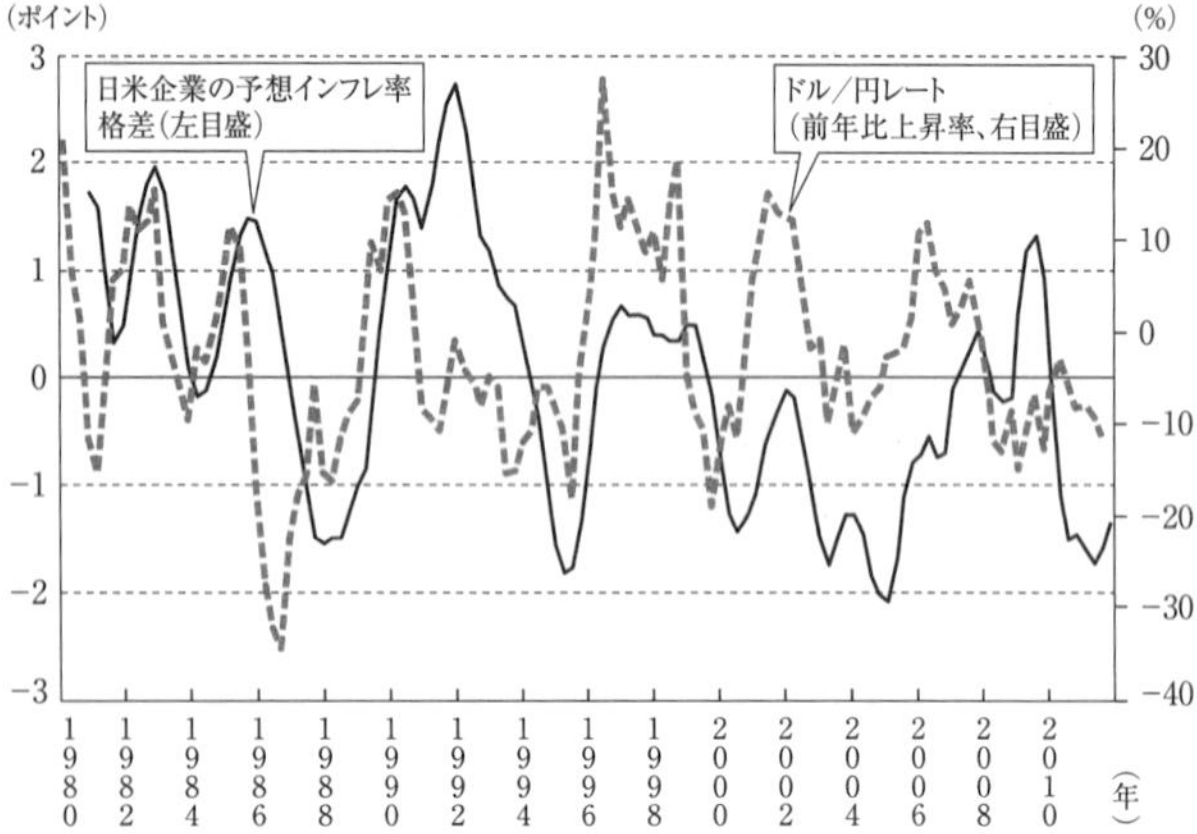

出所：日本銀行、ISMデータより筆者作成

から説明する場合には、それほど厳密な手法を用いる必要はないと思います。たとえば、図表11は、日本は日銀短観の価格判断DIに、アメリカはＩＳＭ製造業価格判断指数に、「標準化」という統計的処理を施して両者の差をとり、その差とドル／円レートの前年比上昇率の関係を示したものです（「標準化」というのは、両者の数字の平均値とばらつきを調整して比較可能な数字に置き換える方法です）。

この図からわかるのは、日銀短観とＩＳＭ製造業価格判断指数から導出された日米の予想インフレ率の差は、ドル／円レートの変動を概《おおむ》ね的確にとらえているということです。すなわち、為替レートの短期的な動きはや

は り、日本人とアメリカ人の予想インフレ率の差によって生じている、というわけです。

この話は、前章でお話しした修正ソロスチャートの説明とも合っていますし、結局、「実際のドル／円レートは、日米の予想インフレ率の差にともなって変動している」ということになります。

金融政策が決める予想インフレ率

では、各国の予想インフレ率はどのように決まっているのでしょうか？

結論から言うと、私は、そのカギを握るのは、「各国中央銀行の金融政策である！」と考えています。

それはなぜか？　金融政策は実際に、企業や消費者、投資家の意思決定に多大な影響を及ぼしており、その中には、将来のインフレに対する予想の変化も当然のように含まれているからです。

日本では、中央銀行である日本銀行が銀行間取引市場（19ページ参照）に金融政策を用いて働きかけることで、銀行間取引市場の金利を上げ下げしたり、資金の量を増減させることを通して、物価の調整を行なっています。

その中で、銀行間取引市場の〝金利を上げ下げする〟政策の一つが「ゼロ金利政策」【注6】であり、銀行間取引市場の〝資金の量を増減させる〟政策の一つが「量的緩和政策」【注7】です。

金融緩和政策と予想インフレ率の関係

では、中央銀行の金融緩和政策により、実際にどういう経路をたどって予想インフレ率の上昇は起こるのでしょうか？　その一例を挙げてみましょう。

(1)金融緩和によって中央銀行が、銀行間取引市場に積極的に資金を供給する
(2)このことで銀行は、中央銀行からの「世の中により多くのお金を流通させることで景気を刺激し、もっとインフレ率を上げたい」というメッセージを受け取る
(3)中央銀行の「インフレ率を上げたい」「インフレ率が上がるまで金融緩和を続ける」というメッセージが〝本物〟だと銀行に受け取られたら、
(4)銀行の予想インフレ率が上昇し、銀行はその予想に従い、国債を買ったり、株を買ったり、為替で運用したり、貸出を増やしたり、といった投資活動を活発化させる

【注6】銀行といえども、短期的に手持ちの現金が少なくなることがあります。その場合、銀行は、他の銀行から資金を借りてくることで、やりくりを行なっています。この銀行どうしの資金の貸し借りにも金利（＝利息）が発生します。

中央銀行は、この銀行間取引市場で発生する金利を間接的に操作することで、世の中に循環するお金の量を調整しようと試みます。「ゼロ金利政策」とは、中央銀行が、銀行間取引市場の金利が0％になるまで、金融緩和を行なうという政策です。もしこの金利がゼロになれば、銀行が銀行間取引市場から資金を調達してくる時のコストもゼロになります。

そうなれば、銀行は銀行間取引市場から資金をどんどん借り入れ、そしてその資金を元に、国債で運用したり、一般の企業に貸出を行なうなどして積極的に運用を行なうでしょう。こうして世の中にどんどんお金が循環していくことで、予想インフレ率の上昇を招くだろう——そんな期待を持って行なわれるのがゼロ金利政策です。

【注7】量的緩和政策とは概ね、ゼロ金利政策が達成された後に発動される金融緩和政策です。一度ゼロ金利にまで到達してしまえば、日銀はそれ以上金利を下げられなくなってしまいます。つまり日銀は、ゼロ金利を達成して以降は、銀行間取引市場の金利を間接的に操作する方法ではそれ以上の金融緩和ができなくなるということです。

その時に「量的緩和政策」が登場します（くわしい説明は127ページの【注5】参照）。セットで行なわれることからわかるように、量的緩和政策は、ゼロ金利政策と同じく予想インフレ率の上昇を目指す政策です。

もし仮に(3)の時点で、銀行による将来のインフレ予想が上昇したとしたら（＝予想インフレ率が上昇したら）、銀行は(4)のように投資を活発化させることになります。

その結果起こるのは、次のようなことです。

(A)普通国債の価格が下がる

この時、銀行の予想インフレ率の変化を反映して、最も早く売られ、価格が変化するのが国債などの債券（有価証券・借用証書）です。

国債などの債券の多くは、あらかじめ満期日や金利が決められています。そのため他の金融商品の額（たとえば株価）が下落していき、ならびにその国のモノやサービスの価格が総じて下落していくデフレの局面であれば、国債の額面上の価格は目減りしないので、国債を持とうとする人が増えます（＝相対的に株よりも国債の価値が上がる）。

しかし逆に、予想インフレ率が上昇し、その国のモノやサービスの価格が総じて上昇するインフレが起こる局面では、国債の価格は目減りしない代わりに増えもしないので、その後の上昇が見込まれる株などを買ったほうがいいと判断する人が増えます（＝相対的に国債よりも株の価値が上がる)。

また、一度発行された国債（＝既発国債）は、自由な市場（＝既発国債の売買をしている人たちが集まる場）での売買が可能なので、その時々によって取引価格と金利が変わります。そして銀行が手持ちの既発国債を売りに出すということは、既発国債の売り手が多くなり、買い手が逆に少なくなることを意味しますので、スーパーで人気のなくなった商品の価格が下がるのと同じ理屈で、既発国債の価格は下がるのです。

【結論】
予想インフレ率が上昇すると、普通国債の価格は下がる。

(B)インフレ連動国債（物価連動債）の価格が上がる

予想インフレ率の上昇によって普通国債の価格が下がる一方、インフレ連動債（１４７ページのコラム４参照）の価格は上がるでしょう。なぜならインフレ連動債とは一般的に、インフレ率の上昇にともなって元本が増えるという、インフレ時に有利な国債だからです。

【結論】
予想インフレ率が上昇すると、インフレ連動債の価格は上がる。

そして実際に、普通国債の価格が下がり、インフレ連動債の価格が上がっているとすれば、中央銀行は金融緩和政策によって予想インフレ率を上昇させることに成功したということを示しています。

既発国債の市場で、（既発）国債の価格が下がるということは、同時にその（既発）国債の金利は上がることを意味しています。

なぜ価格の下がった（既発）国債の金利が上がるかというと、人気の下がった（既発）国債を売ろうと思ったら、金利を上げないことには誰も買ってくれないからです。つまり、国債の価格が下がると、同時にその金利は上がるのです。もちろん逆に、国債の価格が上がる時は、その金利は下がります。そして、国債の価格と金利のこの相反関係は、つねに変わりません。つまりこの場合、普通国債の価格が下がったということは、同時に普通国債の金利は上がることを意味し、インフレ連動債の価格が上がるということは、インフレ連動債の金利は下がるということを意味しているのです。

このことが何を意味しているかおわかりでしょうか？　普通国債の金利が上がって、インフレ連動債の金利が下がったということは、「ブレーク・イーブン・インフレ率（１４７ページのコラム４参照）が上昇する」ということです。

ブレーク・イーブン・インフレ率の計算式は「普通国債の利回り－インフレ連動債の利回り」です。たとえば、普通国債の金利が１％上がって、インフレ連動債の金利が１％下がったとしたら、１％－（－１％）で、ブレーク・イーブン・インフレ率は２％上昇することになります。

そして、ブレーク・イーブン・インフレ率とは、予想インフレ率のことを表しているので、この時、中央銀行の金融緩和によって、予想インフレ率の上昇が起こったと言えるのです。

(C)為替レートが安くなる（＝自国通貨安が起こる）

予想インフレ率が上昇すると、次に（他国の予想インフレ率が一定であれば）その国の通貨安が起こります。その理由はこれまで本書で述べてきた通りで、たとえばアメリカの予想インフレ率が上昇すれば、アメリカのドルは下落します。つまり、ドル／円レートで言えば、ドル安・円高が起こるということです。

【結論】
予想インフレ率が上昇すると、自国通貨安が起こる。

(D) 株価が上がる

予想インフレ率が上昇すると、投資家の株での運用が増え株価も上がります。予想インフレ率が上昇することで実際にインフレが生じると、企業の額面上の売り上げが増えるので、企業の収益が改善するからです。この時、収益が改善する企業の株価が上がることが予想されるので、投資家は株式市場で活発に株への投資を行なうようになります。それによって実際に株価が上がるのです。株価が上がりつづければ、企業にとって、株式を発行し資金調達することが容易になります。その結果、設備投資などの投資が増えるでしょう。

【結論】
予想インフレ率が上昇すると、株価が上がる。

(E)銀行貸出が増える

予想インフレ率が上昇し、銀行による企業への貸出が積極化すれば、貸出先の企業にとっても景気が良くなる兆候が見えるようになるので、企業は自社の製品やサービスの売値を引き上げることができるのではないかと考えます。この時にもさらに、予想インフレ率は上昇します。

> 【結論】
> 銀行貸出が増えると、予想インフレ率はさらに上昇する。

予想インフレ率が上昇すれば、(A)～(E)のような動きが生じることが想定されるのです。

では、予想インフレ率が上昇した際、銀行をはじめとした投資家は、本当に運用を活発に行なうのでしょうか？　そのことを実際のアメリカの統計を例に確認してみましょう。

次ページの図表12を見ると、アメリカのブレーク・イーブン・インフレ率（≒予想インフレ率）と、ＩＳＭ（米国の景気転換の先行指標≒予想インフレ率）の価格判断指数が、よく似た動きをしています。

図表12　企業の価格見通しと市場の予想インフレ率(米国)

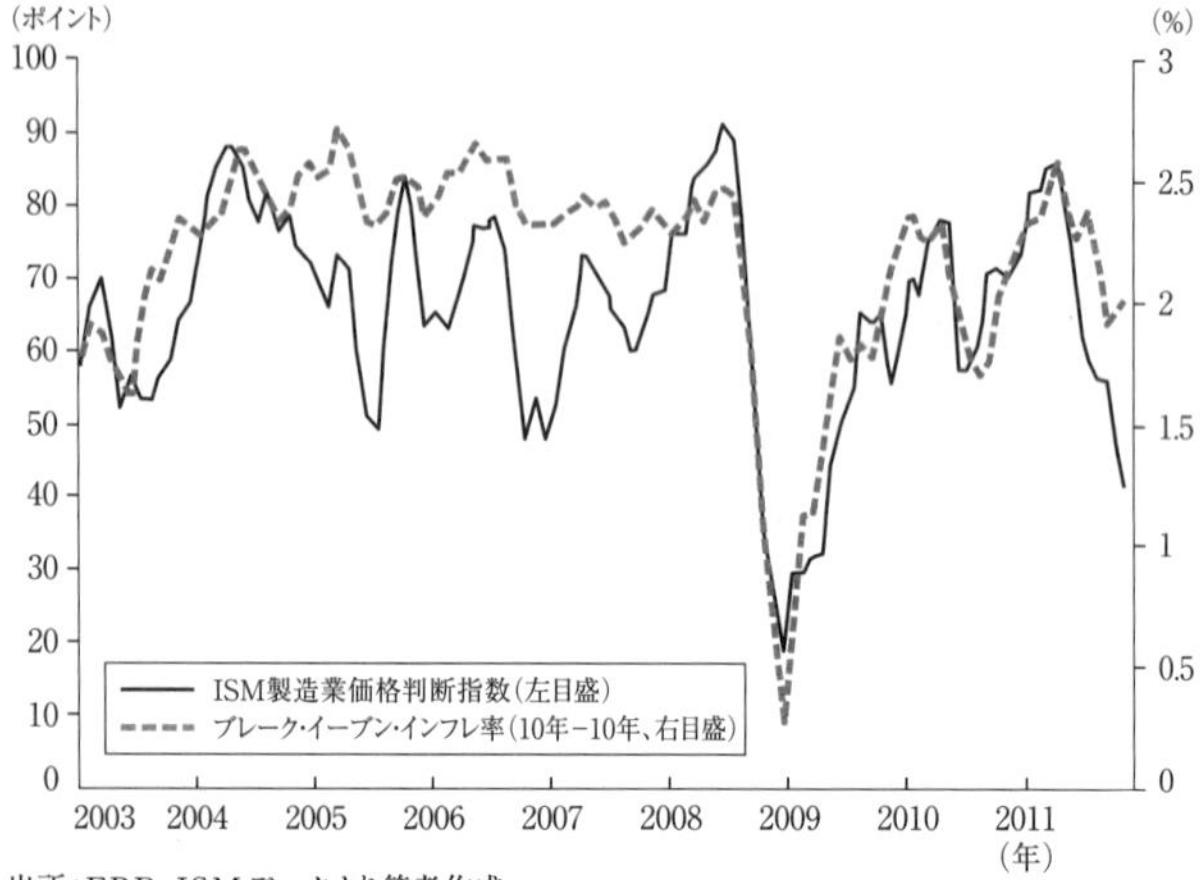

出所：FRB、ISMデータより筆者作成

ここからわかることは、アメリカのブレーク・イーブン・インフレ率はしっかり機能していて、ＩＳＭの価格判断指数もしっかり予想インフレ率の動きをとらえていると思われるということです。

そして図表12を見ると、09年から10年にかけて、ＩＳＭの価格判断指数（＝予想インフレ率）が大幅に上昇していることがわかります。ということは、この時、アンケート調査に答えた企業の人たちは、自社の製品・サービスの販売価格が将来「上がる」と考えているというわけです。これは、企業が考える予想インフレ率も「上昇している」ということを示しているのです。

つまり、09年から10年にかけてブレーク・

イーブン・インフレ率とＩＳＭの価格判断指数が上昇している間に、アメリカでは確実に予想インフレ率の上昇が起こっていたということです。

【結論】
09年から10年にかけての間、アメリカでは、実際に予想インフレ率の上昇が起こっていた。

10人前後が為替レートのカギを握っている

次に図表13をご覧ください。

これは、ＦＲＢ（連邦準備制度理事会）が供給するマネタリーベースが拡大する局面では予想インフレ率が上昇し、反対に減少する局面では予想インフレ率が下落しているということを表したものです。

マネタリーベースの減少は、ＦＲＢが金融引き締め政策を行なっていることを意味し、マネタリーベースの増加は、ＦＲＢが金融緩和政策を行なっていることを意味しています。

図表13　法人企業の予想インフレ率と「修正マネタリーベース」伸び率（米国）

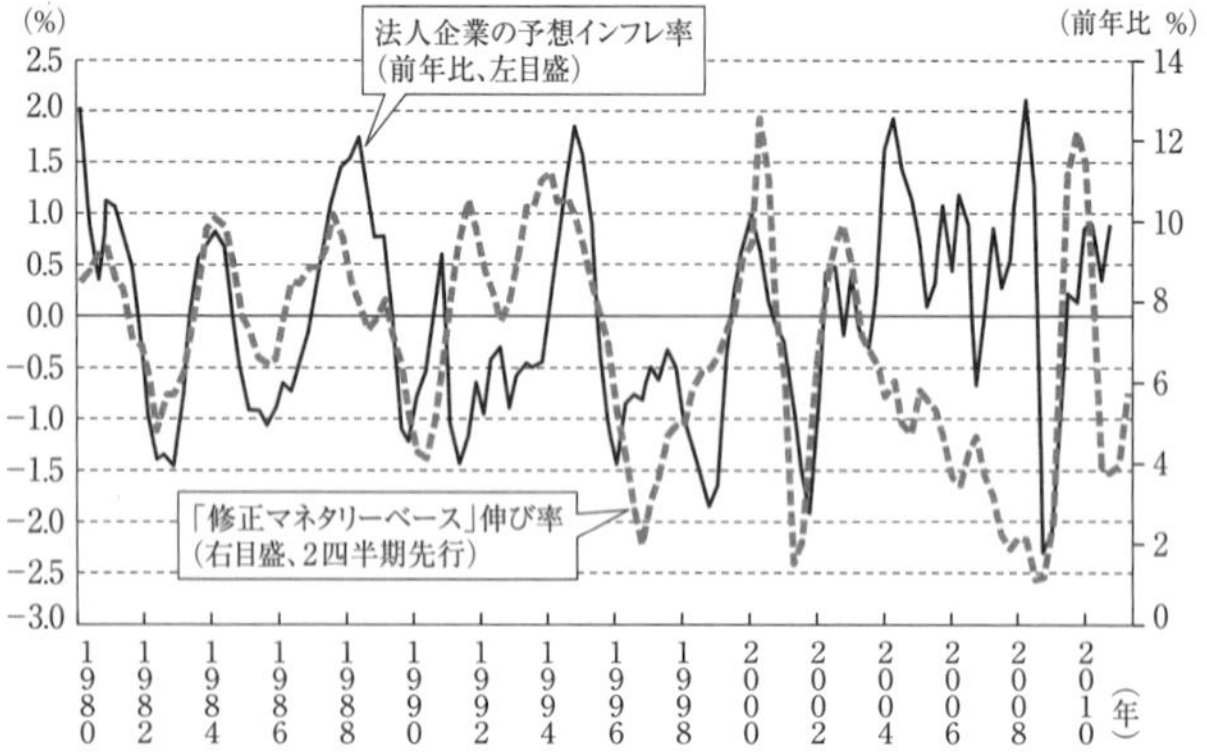

注：法人企業の予想インフレ率は標準化されたISM Price Paid 指数（DI）、「修正マネタリーベース」は現金+必要準備預金で計算

出所：FRB、IMFデータより筆者作成

> **【結論】**
> 　ドル／円レートの変動を引き起こす予想インフレ率の変動は、中央銀行が実施する金融政策によって動かされている！
> ＝予想インフレ率の変動、ドル／円レートの変動、中央銀行による金融政策は一本の糸でつながっている！

　では、ことほど左様に重要な金融政策は、誰が動かしているのでしょうか？

　アメリカの金融政策は、年8回開催されるFOMC（連邦公開市場委員会）によって決められており、日本の金融政策は、月に1〜2回開催される日銀の金融政策決定会合によって決められています。

アメリカの金融政策最高意思決定機関であるFOMCへの参加が認められているのは、FRBの理事7名と地区ごとの12の連邦準備銀行から選ばれる総裁5名の計12名。日本の金融政策最高意思決定会合である日銀の金融政策決定会合では、日銀の総裁1名、副総裁2名、日銀審議委員6名の計9名です。

つまり、両国とも10人前後の人間によって、金融政策が決められ、それによって両国の予想インフレ率が変動し、それに投資家が引きずられる結果、ドル／円レートが動いているのです！

いったものです。そのロジックは「(円の金利が低く、ドルの金利が高いという場合）人々はより高い金利収入を求めて、金利の低い円を売り、金利が高いドルの購入を増やそうとするだろう」というものです。そう言われると、確かにそうかもしれないと思えますし、実際に金利差と為替レートの関係を見ると、その通りのように思える時もあります。

しかし、世界的にスタンダードとなっている国際金融論の教科書には、「高金利の国の通貨は下がる」と、為替アナリストの結論とは逆のことが書かれているのです。国際金融論の世界では、為替アナリストが言うこの「高金利通貨が上昇する」現象は長らく「謎」とされており、その謎の解明のために、世界の経済学者が血の滲むような努力をしています。

そして問題は、この「各国間の金利差と為替レートの関係」が突如として崩れることにあります。しかも、崩れた時の為替レートの変動があまりにも大きいため、「高金利通貨が上昇する」という単純な法則に従ってＦＸ取引を行なっていたとしたら、これまでの利益が帳消しになるどころか、大きな損失を抱えてしまうケースが多々あるのです。つまり、「高金利の国の通貨が上昇する」という為替アナリストの話はあくまでも、〝そうなる時もある〟という程度の経験則でしかなく、理論的な根拠に基づくものではないということなのです。

為替アナリストのロジック２――名目金利差・実質金利差

経済における金利には、名目金利と実質金利の２種類があります。名目金利とは、一般の銀行預金についてくる金利のような額面上の金利のことを指します。一方、実質金利とは、名目金利からインフレ率（＝物価変動率）を差し引いたものです（実質金利＝名目金利－インフレ率）。なぜインフレ率を差し引くかというと、物価変動の影響を除外しないと、実際の国民生活に、金利の変動がどう寄与しているかの実態を正確に見

【コラム５――為替アナリストのロジック】

金融の世界は残酷

海外での資産運用法の一つに、いわゆる「FX取引（外国為替証拠金取引）」があります。かんたんに言えば、私たち日本人がふだん使っている通貨である「円」を、他の国の通貨に交換することで、利益を得ようとする運用行為です。外国為替証拠金取引の「証拠金取引」とは、為替取引を仲介する専門の業者にお金（証拠金）を預け、それを担保にして、取引業者から証拠金の何倍ものお金を借りて運用するというしくみです。このしくみが、レバレッジ（梃子）と呼ばれるものです。

証拠金取引では、少ない額で多額の利益を得ることが可能になります。ただし、逆に損失を被ると、その損失を穴埋めするために、最初に預けた証拠金の何倍ものお金を支払わなければならなくなります。あまり調子に乗って取引を拡大させると、破産するくらいの額の借金を抱える羽目になるというリスクが出てくるのです。

金融の世界とは実に残酷で、「投資の素人」＝「カモ」を自分たちの世界にいかに引き入れ、いかに彼らの資産を奪いつくすかに勝ち負けが懸かっているという側面もあります。

為替アナリストのロジック１――為替は金利差で動く

マスコミなどに登場する為替アナリストが為替の動きについて語る話の中で、みなさんが最もよく耳にするのは、「為替レートは各国の金利差によって変動する」というものでしょう。

これは、たとえば「金利が低い国（その１つが日本）の通貨価値（＝円の価値）は下落し（＝円安になり）、金利が高い国（その１つがアメリカ）の通貨価値（＝ドルの価値）は下落する（＝ドル安になる）」と

「薄利多売」の世界ですが、そんなことをするよりも、新興国の株を購入して株価の値上がりを狙ったほうがよほどかんたんであろうと思われます。

これらのことを鑑みると、現実の世界では、「実質金利差に基づいて為替取引をする」ということよりも優位にある、別の考え方に基づいて取引が行なわれているのだろうと考えるほうが妥当であるようです。

為替アナリストのロジック（その他）

その他に為替アナリストが為替の動きを説明する際に使うロジックには、「為替は２国間の景気格差で動く」というものや「貿易収支が黒字の国の通貨は高くなる」といったものもあります。しかし残念ながら、これらのロジックも為替レートの動きを的確に説明できるものだとは言えません。

「為替は２国間の景気格差で動く」というのは、かんたんに言うと、「景気の良い国には海外からの投資も集まるので、その国の通貨が買われ、通貨の希少価値が高まることで、通貨の価値が上がる」というものです。第３章で述べた「強い円は、強い経済のあらわれ」という言説の亜流ですが、この説明が誤りであることはすでに説明した通りです。

また「貿易収支が黒字の国の通貨は高くなる」というロジックの誤りも、第３章の 107 ページで確認した通りです。

以上のように、為替アナリストはかんたんに「金利差、金利差」「景気格差が……」「貿易収支の黒字が……」と口にしますが、それでいいのでしょうか。

ることができないためです。

為替レートの決定理論の中には、この各国間における実質金利の差（＝実質金利差）が為替レートを決めるというものがあります。そして実際に、過去の為替レートの変化率と実質金利差の間には、高い相関関係があるように見える時があります。しかし私は、次の３つの理由で、実質金利差を元に為替レートを説明するのは不適当だと考えています。（ここで言う「インフレ率」とは、正確には「予想インフレ率」のことで、両者は違うものですが、ここではとりあえず単純な「インフレ率」として考えていきます）

１つめは、実質金利差で為替レートを説明する際のモデルに使われるインフレ率の部分に、企業物価指数が用いられていることです。そもそも企業物価指数自体が、為替レートの変動を受け、大きく変動する類の数字なのです。つまり「為替レートが実質金利差によって動く」のではなく、「為替レートが動くことによって、企業物価指数が動く結果として実質金利差が生じる」というのが正しい答えであり、「為替レートは各国間の実質金利差によって動く」という主張では、その因果関係を取り違えていることになってしまいます。

２つめは、その「実質金利」が「〝予想〟実質金利」ではないことです。実際のところ、予想インフレ率を元に計算した実質金利（＝予想実質金利）を為替レートの予想に用いているアナリストは非常に少なく、残念ながら、多くのアナリストは目下のインフレ率の差を勘案して実質金利の差を導きだしてしまっているのです。

３つめは、実質金利差が、世界的な金融市場の規制緩和によって、以前より大きく縮小してしまっていることです。もし実質金利差で為替レートが動くとなれば、投資家の多くは、ほんのわずかな金利差を狙って莫大な量の為替取引を行なっていることになってしまいます。まさにト」と呼ばれる人の場合はどうでしょうか。残念ながら、彼らは「カリスマディーラー」よりももっとタチが悪いのです。

為替アナリストの多くは独立しているわけではなく、どこかの会社に属しています。そして多くの場合、彼らは所属している会社の「広告塔」的存在です。たとえば、自社で外貨建ての金融商品の販売を促進しているのであれば、「その金融商品の価格は上昇しつづける」という見通しをさまざまなメディアで広め、自社の売上増に貢献することが、彼らの役割となります。

また、多くの場合、為替アナリストの見通しが的中したかどうかについての検証はほとんどされないので、「言った者勝ち」になりやすいというのが実情です。しかも、マスコミに出たがるアナリストの中には、「芸風」確立の必要性からか、「1ドル＝50円説」「ドル暴落説」などの極論に走る傾向すらあります。その結果、ネームバリューがつけば、アナリスト個人にとっても、講演会などで小遣い稼ぎもできるわけです（細かい話ですが、数をこなせば結構な額になりますし、講演会のための衣装代などは税額控除されるのです）。

しかし、彼らの予想が当たることはほとんどなく、真剣に為替取引で利益を上げようと考えている人にとって、有益な情報が提供されることはほとんどないでしょう。

読者の中で、為替取引を始めようと考えている方、また、すでにやっている方は、これまでのお話を勘案いただき、誰の意見に耳を傾けるべきか冷静に考えることをおすすめします。

明日、あなた自身がカモにならないために――。

「カリスマ」の正体

為替の世界にも「カリスマ」と呼ばれる人がいます。カリスマには、かつて為替相場で実際に大儲けをしたことがある人（「カリスマディーラー」、もしくは「伝説のディーラー」と呼ばれる人）か、アナリストとして為替レートの大変動を予測し的中した人の２種類がいます。はっきり言って、どちらの人たちも始末が悪いです。

まず、「伝説のディーラー」的な人は、芸能界で言えば、「一発屋」に近いものと考えたほうがいいでしょう。実際彼らが著書などで披露した予想は、その後大きくハズレています。実例を出してもいいのですが、本人の名誉に関わるのでここでは触れません（ぜひ書店で確認してみて下さい）。

「伝説のディーラー」が市場で行なっている運用というのは、彼らの著書に書いてあるような中長期（半年から１年、場合によってそれ以上）の見通しに基づいたものではありません。

実際のディーリング（＝為替ディーラーによる為替相場の運用）では、短期的な変動に条件反射的に反応しなければならない場面が多くあります。つまり「伝説のディーラー」は「短期的な変動にいかにうまく乗るか」に勝負のすべてを懸けていると言ってもいいでしょう。そのような世界で成功した人が、必ずしも中長期的な予想もうまくできるわけではありません。実際、彼らが中長期的な見通しを披露するのは、引退後か、もしくは、逆に大勝負で負けてクビになった後という場合が多いものです。なぜなら、そんなおいしい方法があるのなら、他人には教えず、自分自身で稼ぎつづけたほうが何倍も利益を上げられるからです。裏を返せば、そういう手法を他人に教えるのは、彼ら自身が、その手法でいつまでも利益を上げられるとは思っていないからでしょう。

次に、為替レートの大変動を予測し、的中した「カリスマアナリス

第6章　円高の正体、そしてデフレの〝真の〟正体

円高とともに進行するデフレ

前章で、「神の見えざる手」、すなわち予想インフレ率は、各国の中央銀行が実施する金融政策によって変動するということ、そして、現在のドル安／円高を引き起こしているのは日米の予想インフレ率の差の拡大であることがわかりました。

予想インフレ率の変動が中央銀行の金融政策に端を発していることがわかると、現在の日本で円高の進行とともに起こっている、「デフレの正体」も見えてくるようになります。現在の日本における円高の進行はほとんどのケースで、デフレの進行と同じタイミングで起こっています。

デフレとはどういった現象で、それは日本経済にどんな状態をもたらしているのか——それをまず確認していきましょう。

デフレ（デフレーション）とは、物価が下がること、すなわち、国全体のモノやサービスの価格が下がるということです。これは、国全体のモノやサービスの総量に対して、国全体のお金の総量が少なすぎるために起きます。

日本国内のお金（円）の総量が少なければ、日本国内のモノやサービスの総量は、円の総量に対して相対的に多くなります。そのため、モノやサービスの相対的価値は下がり、逆に円の相対的価値が上がるのです。

これは、日本の円の総量がアメリカのドルの総量より少ないことから起こる為替レートの変動（＝円高／ドル安）の関係に似ています（89ページ参照）。

そして円高は、日銀が供給する円の総量（＝マネタリーベース）が減ることによって生じていることは、これまで確認してきた通りです。

モノの値段が下がるだけではない

デフレになればモノの値段は下がります。だから、それだけをとってみれば良いことのように思えます。しかし、デフレが日本経済にどのような影響を与えているのかを判断するためには、個人にとって得かどうかではなく、「国全体にとって得なのか」という視点で考えなければいけません。

２０１１年11月に出版された『弱い日本の強い円』（佐々木融著　日経プレミアシリーズ）の中に、次のような記述があります。

デフレであれば多少それが続いたところで、個人にとっては購買力が高まるので、実

図表14　物価と賃金

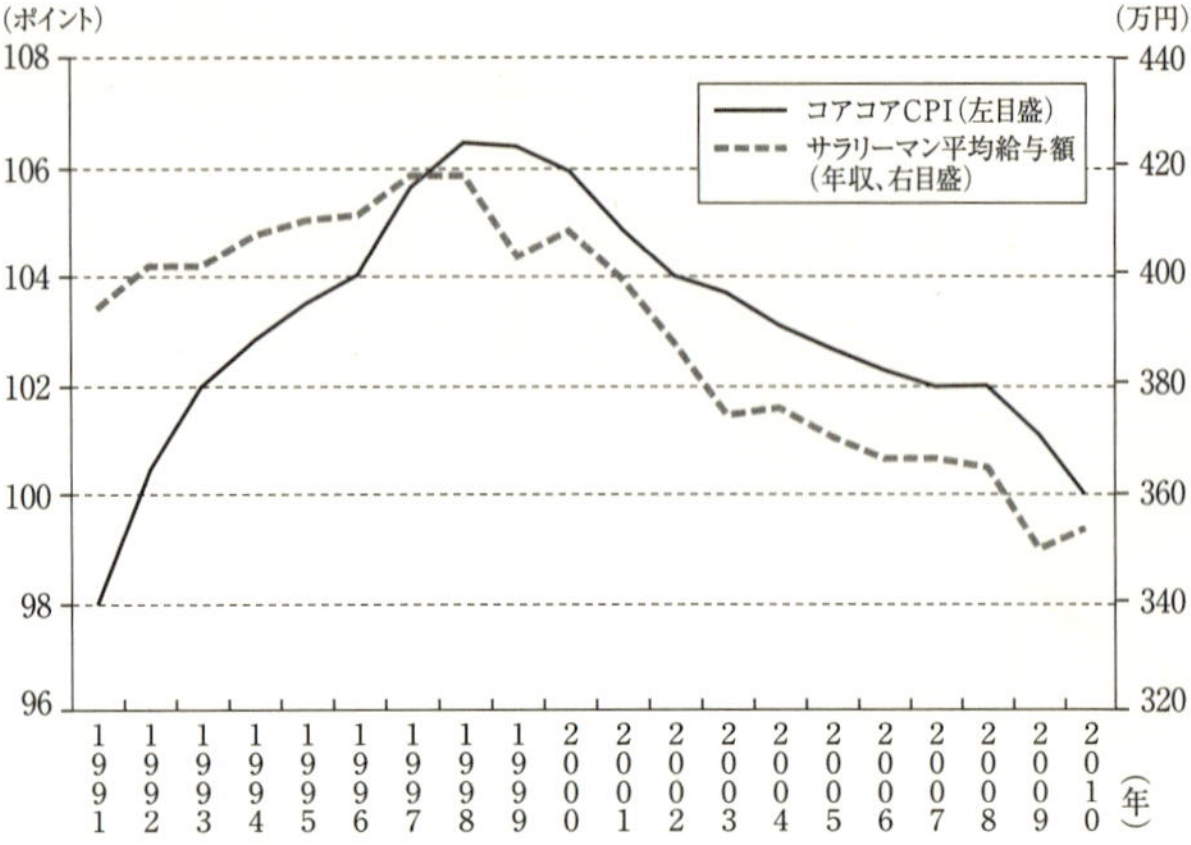

出所：総務省、厚生労働省

は幸せなことである。さらに、普通に会社に入って勤務を続けていれば、多少賃金制度などが変わってきたとはいえ、歳をとっていくなかで昇給等によりそれなりに名目賃金は増える。デフレで物の価格が下がるなかで、賃金はそれなりに増えるのであるから、実質的な購買力は結構上がっているのである。

（101ページ）

ここで出てくる購買力とは、「同じ賃金でどれだけ商品を買えるか」を示す数字です。デフレになっても賃金がそれなりに上がりつづけると、購買力は結構上がる。すなわち、デフレは怖いことではない――そういう主張ですね。

しかし、佐々木さんはここで重要なことを見落としていると思います。それは「デフレの世界では社会全体で賃金が減りつづける」ということです。

図表14は、日本人の平均給与（年収）の推移と、物価（コアコアＣＰＩ）【注8】の推移（インフレ率）をあわせて表示したものです。

この図を見る限りまず、同書の「賃金がそれなりに増える」という状況は、いまの日本ではまったく起こっていないどころか、賃金は年々減りつづけているということが言えそうです。

【注8】日本人の一般的な生活費のコストの増減を表す消費者物価指数（ＣＰＩ）の中から、食料（アルコールは除く）とエネルギー価格の変動による影響を除外したものがコアコアＣＰＩです。ＣＰＩ（消費者物価指数）ではなく、コアコアＣＰＩに着目する理由は、普通のＣＰＩの変動には、食料とエネルギー価格変動の影響が色濃く反映されてしまうからです。食料やエネルギー価格は、消費者サイドの問題で上下する以上に、供給者サイドの、食料の価格であれば豊作や不作、エネルギー価格であれば産油国の石油産出量の増減によって一方的に大きく変動してしまうものだからです。

同書の同じページには、こんな話も出てきます。

私事で恐縮だが、筆者は1992年4月に社会人となった。他の社会人同期と同じように、社会人1年生だった頃に比べて、この19年間で筆者の収入もそれなりには増えている。それにもかかわらず、その間の物価が変化していない（中略）ということは、筆者の生活水準は向上していると言える。

ここから想像するに佐々木さんは、ご自身の経験のみを念頭において、「賃金はそれなりに増える」とお書きになっているのかもしれません。しかし、実態は図表14の通りです。日本全体の賃金が下がりつづけるデフレ——これは、日本の社会全体にとって「悪」以外の何物でもありません。

不況とデフレ

デフレは、日本経済にどのくらいのインパクトを与えるのでしょうか？

それは、「デフレスパイラル」のしくみを考えるとうまく捉えられます。

デフレとは物価が下がること、すなわち、日本全体のモノやサービスの価格が下がるということですから、企業にとってみれば、ストレートに「利益が減る」ことを意味しています。

デフレの正確な影響を測るには、日本の名目経済成長率（＝景気動向を示す名目ＧＤＰの増減率）が現在何パーセントなのかを見ることです。名目経済成長率とは、「日本の企業が毎年何パーセントずつの売り上げをアップさせているか」の平均値で、日本の景気を測る指標です。

そして日本の名目経済成長率は、97年以降10年以上にわたってほぼ横ばい（＝ゼロ成長）、あるいは下落（＝マイナス成長）なのです。これは、日本の企業全体にとって、毎年売り上げの増加がほとんどないか、減っているということを意味します。つまり、名目ＧＤＰが減少している（＝名目経済成長率が下がっている）ということは、日本全体の売り上げが減少している（＝不況が起こっている）ということを意味しているのです。

そして、この日本全体の企業の売り上げが減少するという現象は、日本全体の物価が下がりつづけるデフレが引き起こしていることなのです。日本全体の物価が下がるということは、すなわち、企業にとっては、自社の製品やサービスの売値（単価）が下がっていってしまうということです。そしてこのモノやサービス単価の下落は、不景気で商品が売れないために単価の値下げを余儀なくされているために起こっているものです。これが現在日本で巻き起こっている泥沼の「価格引き下げ競争」です。

つまり、企業はたとえモノやサービスを安売りしても、売れる数が増えるわけでない。とすると、単価は下がっているのに、売れるモノやサービスの数は変わらない（もしくは減る）ということになりますから、デフレによって企業の売り上げはどんどん落ちていくのです。つまり、企業の売り上げが年々減りつづけるかたちでの名目ＧＤＰが減少しつづける現在の日本の不況は、デフレが引き起こしている部分が多大にあるのです。

企業は、デフレによって売り上げが減少しつづける中で、従業員の給料を減らすなど、なんらかのかたちでコスト削減をしなければ、赤字が膨らんで倒産することになるかもしれません。そこで企業はまず手をつけやすいボーナスからカットを始め、次に昇給を止め、それでもダメならば、従業員の基本給をカットするでしょう。その関係が如実に見てとれるのが１７２ページの図表14です。

デフレスパイラル

デフレの経済への影響はそれだけに止まりません。

給料が減った従業員は、泣く泣くモノを買い控えるようになるでしょう。こうなると、右に述べたように、モノやサービスは売れなくなります。売り上げをどんどん減らしている企業は、設備投資や新卒社員の採用を中止し、細々やりくりするという方針を固めるでしょう。よって新規の設備投資や外注先への仕事の依頼が減り、就職活動の世界には氷河期が訪れます。

日本の企業全体に不況の波が押し寄せれば、その程度のコスト削減では追いつきません。その結果、社員のクビを切るリストラしかないという状況に追い込まれるのです。

この負の連鎖こそが「デフレスパイラル」です。いま述べたようなプロセスで、多くの人の生活レベルを下げつづける事態が起こっているのです。

しかし、このような状況が10年以上続いているにもかかわらず、まだ「日本ではデフレスパイラルのような状況は起こっていない」と主張する人がいます。それは本当でしょうか？

それを次ページの図表15で確認してみましょう。ここでは「ＧＤＰデフレーター」と呼ばれる、ＣＰＩとは別の物価指数を使います。これは、国内の企業の利益や社員の賃金などの所得の変化を示す数字で、これを見れば、「企業や労働者サイドから見た物価の変動はどうか」という視点で物価の変動を的確に捉えることができます。

図表15　GDPデフレーターと賃金

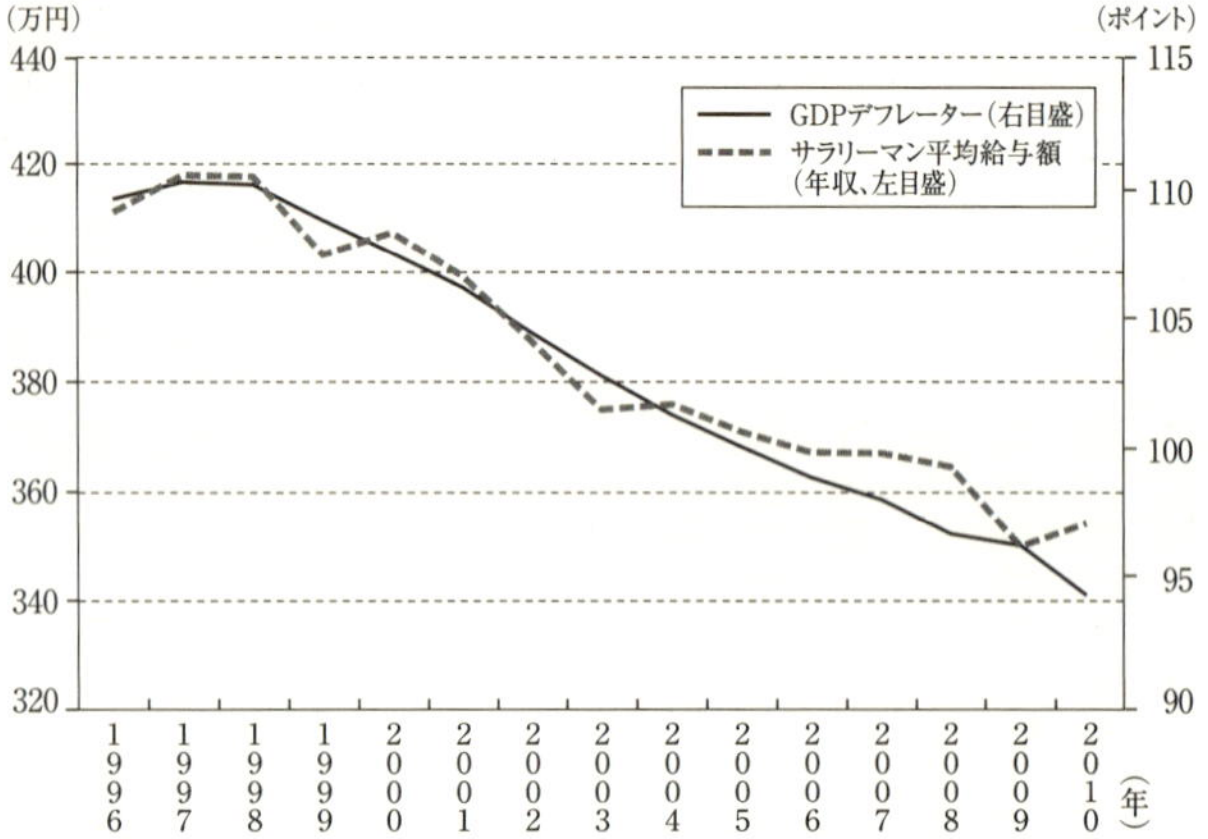

出所：内閣府、厚生労働省

図表15からわかるのは、GDPデフレーター(インフレ率)の低下とともに、社員の給料はほぼ完全に連動するかたちで減っているということです。この状態をデフレスパイラルと言わずして何と呼べばいいのでしょうか。

「デフレの正体」の正体

さて、デフレは人々の生活にあまりにも悪い影響を及ぼすものですが、現在の日本のデフレの原因を誤った方向から捉えている説もあります。

その中でも最近目立っているのが、「日本のデフレは、生産年齢人口の減少によって引き起こされている」という説です。この説を唱える『デフレの正体』(藻谷浩介著　角川

図表16　1988年以降の各国の生産年齢人口減少率とインフレ率

単位（%）

	総人口	生産年齢人口	インフレ率
グルジア	−1.2	−0.7	8.1
モルドバ	−1.5	−0.6	16.0
ブルガリア	−0.8	−0.5	6.8
日本	0.1	−0.4	−0.2
ウクライナ	−0.8	−0.4	13.9
ドイツ	0.0	−0.3	1.6
ラトビア	−0.6	−0.2	5.7
クロアチア	−0.1	−0.2	3.3
ルーマニア	−0.4	−0.2	20.4
リトアニア	−0.6	−0.1	2.6
ハンガリー	−0.2	−0.1	6.7
ガイアナ	0.1	0.1	6.6
サモア	0.3	0.2	5.2
ロシア	−0.3	0.2	21.4

日本だけデフレ

出所：世界銀行データベースより筆者作成

ONEテーマ21）という本もベストセラーになっています。

「生産年齢人口の減少」とは、15～65歳の現役世代の人口が減少しつづけていることを指しています。そして「現役世代の人口が減る」ということは、消費を活発に行なう層が減ることを意味しているので、その結果として日本全体の消費が減り、企業が価格競争に巻き込まれて、物価の下落が起こっている、すなわち「デフレが起こっている」というわけです。

この説は正しいのでしょうか？　これもデータを見て検証してみることにしましょう。

図表16は、1988年以降、複数年にわたって現役世代の人口が減少した国々の、その

減少の割合とインフレ率（CPI上昇率）を示した図です。

図を見ると、日本より現役世代の減少の規模が大きいのは、グルジア、モルドバ、ブルガリアの3国であることがわかります。しかし、グルジアは＋8・1％、モルドバは＋16％、ブルガリアは＋6・8％と、デフレどころか、比較的高い水準のインフレが起こっています。

念のため、日本より緩やかではあるが現役世代が減少している、図表16でウクライナより下の段の国のインフレ率も確認してみましょう。すると、こちらもデフレには陥っていません。すべてインフレ率が上昇しつづけているようです。つまり、「現役世代の減少が起こっていて、デフレが起こっているのは日本だけ！」ということになります。

もし「現役世代が減少するとデフレが起こる」説が正しいとしたら、現役世代が減っている国はすべてデフレに陥っていなければならないはずです。

しかし、現実にはそうなっていません。それを考えると、「デフレは、生産年齢人口の減少によって引き起こされている」という説は誤りということになります。そして、生産年齢人口の減少が起こっている国で、デフレに見舞われているのは日本だけという事実からわかることは、日本のデフレは「生産年齢人口の減少」以外の原因で起こっている！ということです。

デフレが引き起こす円高

ここまでデフレについて触れてきましたが、為替を説明するための本書で、デフレの話を持ちだしたのにはもちろん理由があります。それは、この10年以上にも及ぶデフレが、日本国民全体に、日本は今後もデフレが続くだろうという予想を刷り込んでしまっているためです。

そしてこの、「日本は今後もデフレが続くだろうという予想」こそがすなわち、本書でたびたび問題として取り上げてきた、円高をもたらす「予想インフレ率の低下」＝「デフレ予想の定着」であるわけです。長引くデフレは、日々の経済活動を営む人々の間に、将来もデフレが続くという「デフレマインド」を定着させ、「予想インフレ率の低下」をもたらし、結果としてアメリカと日本の予想インフレ率の差を拡大させるかたちで「円高」をも引き起こしているのです。

円高に嫌気がさした企業は、海外への生産拠点移転と国内の営業活動基盤の縮小を検討し、これがさらなる設備投資と雇用の抑制を促し、なお一層、国内の景気を悪化させる――そんな「デフレ」と「円高」という負のスパイラルによって、泥沼どころか、底なし沼のような悪循環に陥っているのが現在の日本の姿なのです。

経済成長は可能か

では、すでに10年以上も続いている「デフレ」と「円高」という負のスパイラルに対処することは可能なのでしょうか。ご安心ください。対処は十分に可能です。

私は今後、日本がデフレを脱却し、円安との両立をはかるためには、金融政策の役割がより重要になると考えています。円高とデフレをもたらす予想インフレ率の下落が、前章でお話しした日銀の金融政策（より具体的には日銀が供給するマネタリーベースの増減）に端を発している以上、その流れを食い止めるためには、日銀の金融政策でもって、マネタリーベースの供給量を増やすしかない！ のです。

その結果、デフレと円高が阻止できたところで、今後日本はどの程度の経済成長が可能なのでしょうか。

それを考えるにあたって、まず「先進国」と言われる国々の平均的な名目経済成長率が、2008年のリーマンショック以前には5・6％あったという点に着目してみます（図表17）。

同じ時期の日本の名目経済成長率の平均は０・０％で、成長していないのは日本だけ。日本の一つ上のドイツが２・４％ですから、いかに日本が後れをとっているかがわかります。

そして、日本が「デフレだから低成長」ということがわかるのが次ページの図表18と図表19です。

この２つの図を見ると、97年以降、日本のみがデフレに陥り、名目経済成長率において、他の先進国にどんどん後れをとっているということがわかります。日本以外の国の経済はインフレ状態で、そして確実に成長しています。

しかし97年以前の日本の統計数字を見てみると、確実に他の国より日本の成長率が高かった時期があるのです。そして、その時期の日本の物価の状態は、デフレではなく、緩やかに物価が上昇するインフレの状態だったのです。

ここからわかることは、日本がデフレを脱却し、緩やかなインフレの状態に戻れば、再び名目経済成長率も上昇する、すなわち「経済成長は可能！」ということです。

図表17　リーマンショック前の名目経済成長率

単位（％）

先進国平均	5.6
ドイツ（日本の次に悪かった）	2.4
日本	0.0

出所：世界銀行データベースより著者作成

図表18　過去15年間の先進5ヵ国の物価上昇率

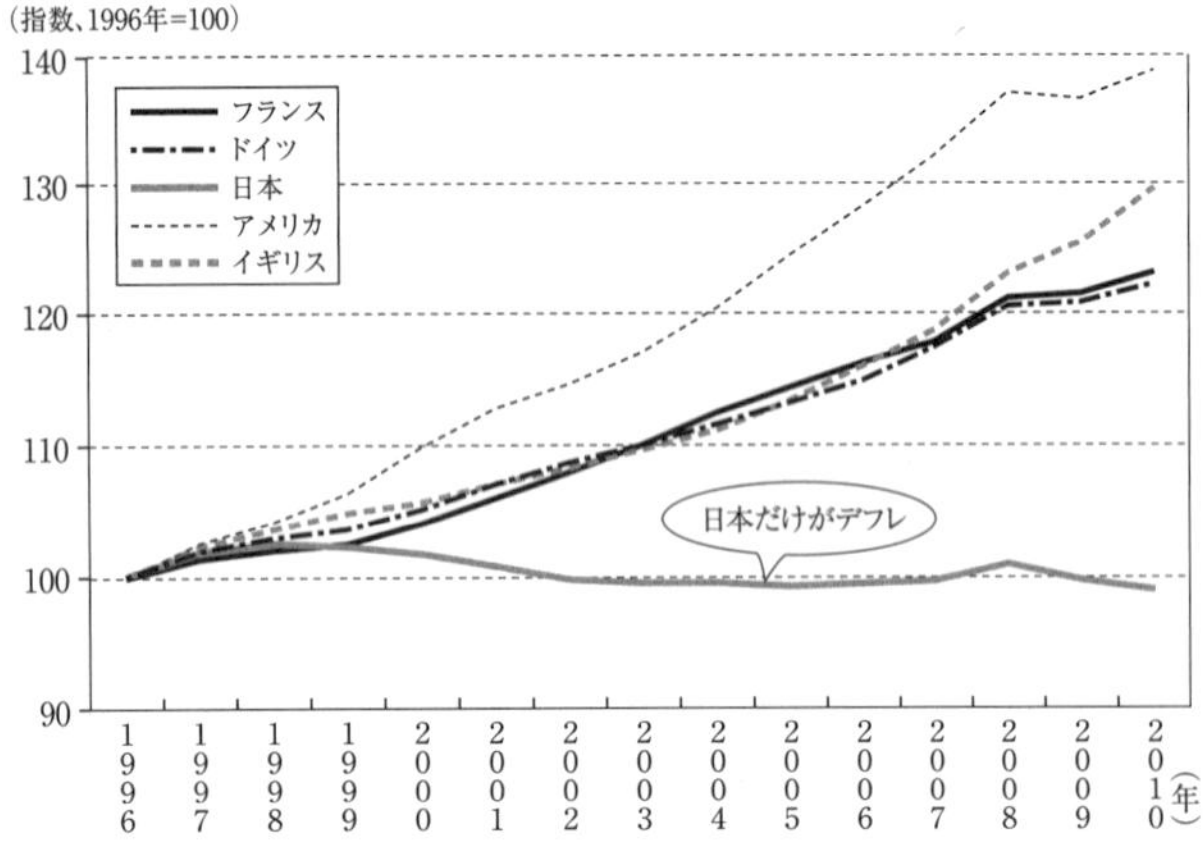

出所：OECD

デフレの克服

私は、今後、日本の名目経済成長率は少なくとも2％以上、うまくいけば4％以上の成長が可能であると考えます。緩やかなインフレの状態にある日本以外の先進国が、平均すると5・6％、日本に次いで経済成長率の低いドイツでさえ2・4％の成長を続けていたわけなので、日本が泥沼のデフレと円高から脱却し、他の国と同じく緩やかなインフレの状態に戻れば、少なくとも2～4％以上は成長できるでしょう（これは、少し控えめに見積もった数字です）。

そもそも低成長・ゼロ成長と呼ばれる現在の日本においても、2010年1～3月期に

図表19　過去15年間の先進5ヵ国の名目経済成長率

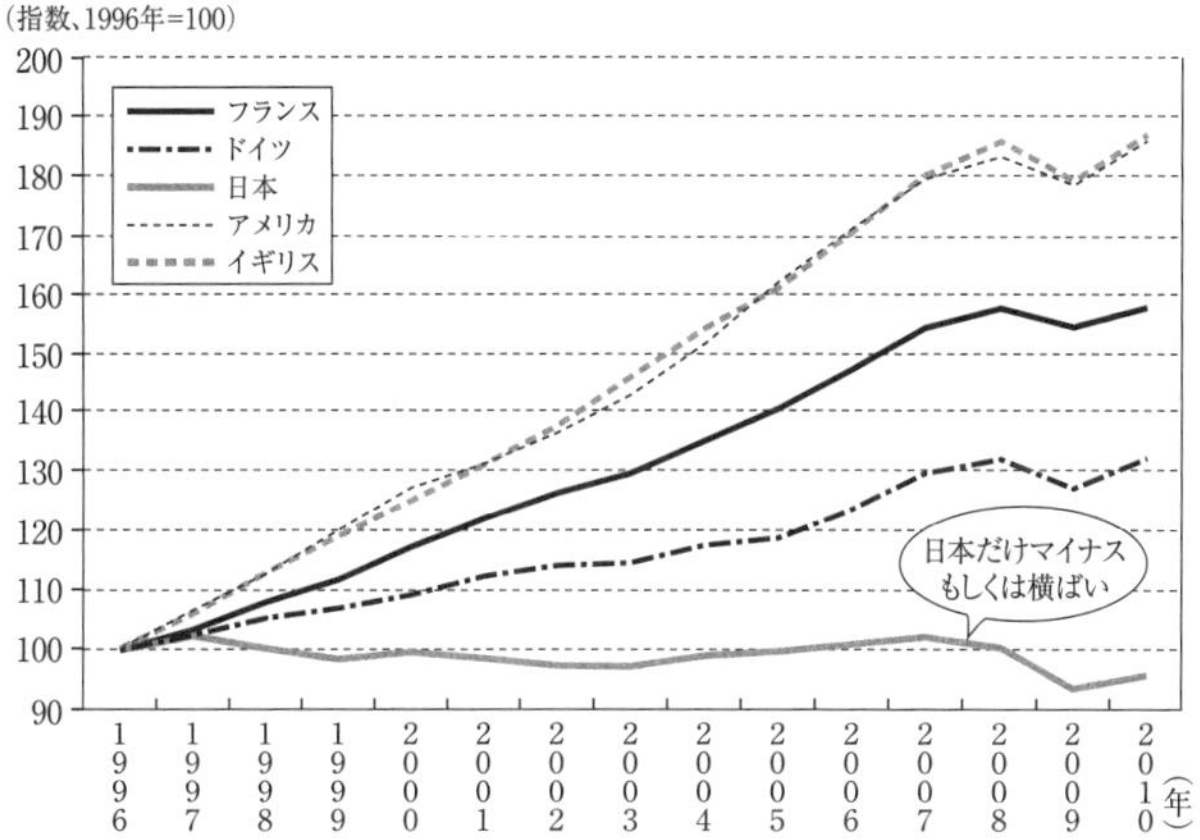

出所：OECD

は名目経済成長率1・7％を達成していたのです。リーマンショック後、景気が少し回復し、デフレから一時脱却しかけただけで1・7％の成長ができる国が、きちんとデフレから脱却すれば、確実にそれ以上の成長が見込めるのは間違いのない話でしょう。

それには、繰り返しますが、円高とデフレの問題を克服することです。そして、この問題は、そもそも日銀によるマネタリーベースの供給量が足りていないことに端を発しているわけです。

そこで、日本が円高とデフレを克服し、再び成長軌道に戻っていくためには、マネタリーベースの供給量がどれだけ必要なのか？　本書の最後にそれを考えてみましょう。

少なすぎるマネタリーベース

ここでは、日本が現在の低成長を克服する基準として、前掲の図表17で、日本に次いで低成長だったドイツの名目経済成長率2・4％から少し抑えた2％の経済成長と、先進国の平均名目経済成長率5・6％から少し抑えた4％の経済成長を日本が取り戻すには、マネタリーベースの供給量がどれだけ必要か、という2つの段階で考えていきます。

「目標とする名目経済成長率を達成するには、中央銀行はどの程度のマネタリーベースを供給する必要があるか」を計算するにあたって便利なのが、マッカラム・ルールと呼ばれる方程式です。米カーネギー・メロン大学のベネット・T・マッカラム教授という著名な経済学者が考案したことから、その名がつけられました。

それを図式化し、実際の日本の名目経済成長率の動きも入れてチャートにしたものが図表20です。

この図が示しているのはまず、過去において日本が2％もしくは4％の名目経済成長を達成するには、本来どれだけのマネタリーベースの供給量が必要だったかということです。この2本の線と、実際のマネタリーベースの供給量の線は2006年あたりから大きく乖離し

図表20　名目経済成長率の４％、２％成長に必要なマネタリーベースの額

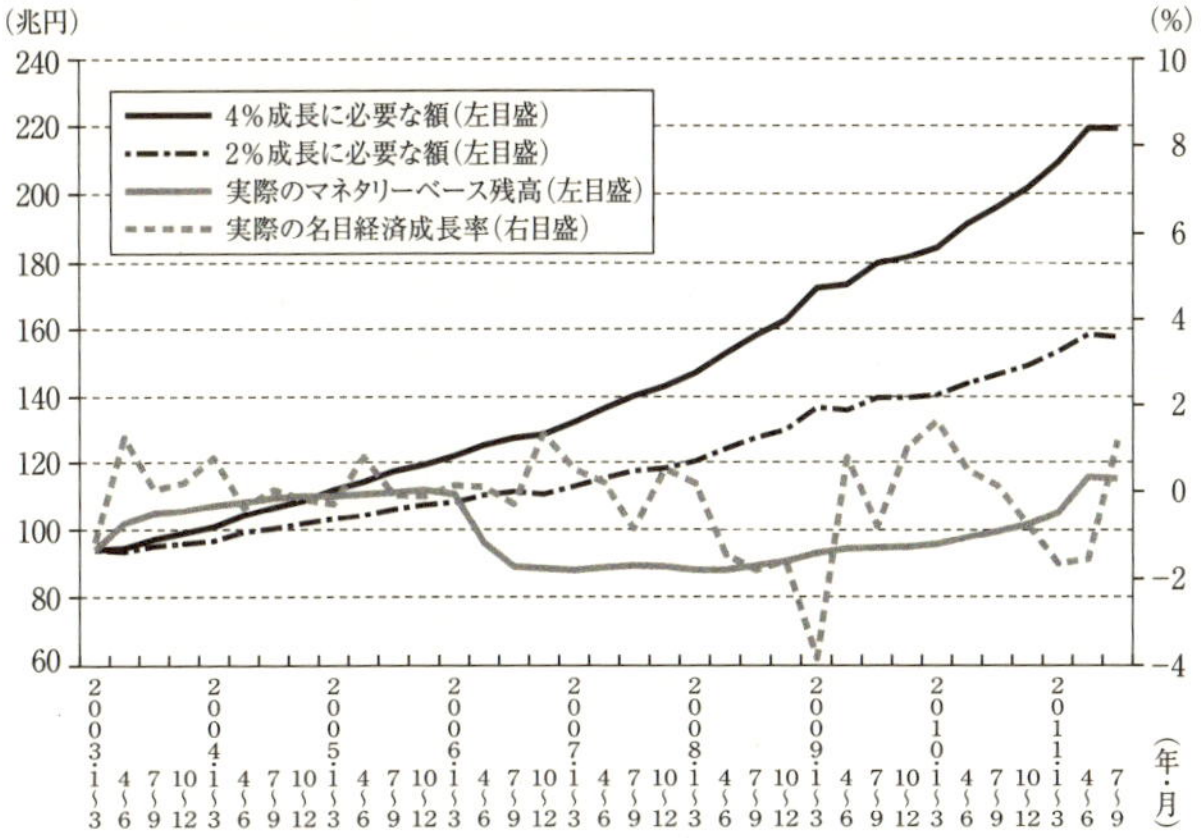

出所：内閣府、日本銀行データより筆者作成

てしまっています。その意味でこの図は、日本銀行はそもそも、０％どころかそれ以下の成長しかできない程度の額しかマネタリーベースの供給を行なっていなかったということを意味しているのです。

そして、図を見ると、実際の名目経済成長が、少なすぎるマネタリーベース供給量にほぼ連動して低成長になっている——どころかゼロ成長やマイナス成長の時もある——こともわかります。つまり、日本の長年にわたる低成長は、日銀が適切なマネタリーベースの供給を怠っていたために生じているということなのです。

あと28・8兆円追加すれば……

マッカラム・ルールから導き出された、名目2％成長、名目4％成長に必要なマネタリーベースの供給量を知るには、第4章で述べた、マネタリーベースと為替レートの関係を示す「ソロスチャート」に入れなおして計算する必要があります。ここでも、話をわかりやすくするため、「アメリカの金融政策の変更によってアメリカのマネタリーベースの量が変化する」ということは考慮に入れません。

この計算から導き出される回答は、日本で名目経済成長率2％を達成するためには、日銀が150兆円のマネタリーベースを供給する必要があるということです。現状の水準は約121兆2000億円ですから（2011年11月現在。124ページのURL参照）、追加で28・8兆円のマネタリーベースが必要なわけです。さらに名目経済成長率4％を達成するためには、200兆円のマネタリーベースの供給が必要で、現状からは追加で78・8兆円のマネタリーベースが必要ということです。

さらに計算を進めた結果わかることは、日銀が追加で28・8兆円のマネタリーベースを供給すると、2％の名目経済成長率を達成すると同時に、ドル／円レートは「1ドル＝95円」程度に、インフレ率は＋1・5％程度になる！ということです。追加で78・8兆円のマネタリーベース供給した場合は、4％の名目経済成長率を達成すると同時に、ドル／円レートは「1ドル＝115円」程度に、そしてインフレ率は＋3・0％程度になる！　のです。ここに及んで、日本はかつての成長を取り戻すと同時に、「円高」と「デフレ」の状態から脱却できるということになるのです。

「量的緩和はデフレ脱却には無効」説

日銀がマネタリーベースの供給量を増やすには、第4章で説明した通り、量的緩和政策を行なう必要があります。

しかし、これに対して「量的緩和はデフレ脱却には無効」という反論があります。これは当の日銀も公式見解として表明しているのでやっかいです。

その論旨は「量的緩和政策は、銀行の当座預金残高を増やすばかりである。なぜなら、銀行は手に入れた資金を元に一般の企業に対する貸出を増やさないので、企業は資金の借り入れによる営業活動の拡大ができず、デフレも円高も止められない」というものです。しかし、これでは、「量的緩和政策がデフレと円高からの脱却をもたらすメカニズムは、銀行が一般の企業への貸出を拡大するという経路しかない」と言っているのと同じことです。

それは本当でしょうか？

そのことを考える材料として、日銀の量的緩和によって、為替取引が増え、円安とデフレ脱却が起こるメカニズムをフローチャートにしたものを次に掲げます。

(1)日銀が、マネタリーベースを〝十分に〟供給し〝つづける〟＝日銀が銀行の当座預金口座に現金を〝十分に〟、供給し〝つづける〟

(2)すると、銀行は今後インフレがくると予想し（＝銀行内部での予想インフレ率の上昇）、日銀から振り込まれた資金を原資に、株や外債での運用を増やす＝株高と円安が生じる

(3)(2)と同時に、銀行が起こした株高と円安を目にした一般の投資家が株式投資と為替取引を活発化させる＝株高と円安に拍車がかかる

(4)(3)の期間が、日銀のマネタリーベースを増額することで〝続けば〟、株高と円安によって、（銀行を含めた）投資家に株の運用益と為替差益が入り、かつ輸出企業と輸入品競合産業の

収益が改善しはじめ、景況感が改善する（＝景気の見通しがよくなる）＝〝日本全体の〟予想インフレ率が上昇しはじめる

⑸　⑷の日本全体の予想インフレ率の上昇がはじまり、さらに日銀のベースマネーの増額がそれを後押ししつづけ景況感の改善が広がれば、日本全体の予想インフレ率の上昇が本格的なものとなり、銀行以外の一般の投資家も、株式投資と為替取引をさらに活発化させる＝株高と円安にさらに拍車がかかる

⑹　⑷の状態が続き、日本全体に予想インフレ率の上昇が浸透していく過程で、株価の反転によりバランスシートが改善しはじめた企業や、同時に円安によって収益が改善した輸出産業や輸入品競合産業は、（インフレの到来を予想しているので）生産設備を拡張したりなどの設備投資を行なったり、工場の稼働率を上げたりする。そのことを通して、日銀の金融緩和から端を発した経済へのプラスの効果が、産業周辺の取引先企業や下請け企業に波及しはじめ、日本の景況感がさらに改善しはじめる＝徐々に消費者の消費も増えはじめる＝日本全体の予想インフレ率がさらに上昇＝実際のインフレ率も徐々に上昇しはじめる＝本格的な株

高と円安の到来＝デフレからの脱却過程

⑺ ⑹の過程でまず、業績の回復した企業が従業員のボーナスを増額する。基本給のアップをする（＝給料の回復）。そして日本全体の企業の活動が活発になる過程で、新しく雇い入れられる人も増える（＝失業率の低下）。新卒採用を増やす企業も出てくる（＝若年失業率の改善）

⑻日本全体で給料が増え、雇用情勢も改善されれば、多くの人が消費活動を活発化させる。この過程で、日本全体の予想インフレ率がしっかり上昇し、実際のインフレ率もさらに上昇して、日本はデフレから脱却する

⑼日本がデフレから脱却し、本格的な景気回復局面に入れば、いよいよ銀行はリスクをとって、企業への貸出を拡大させる。これによって資金を借りられるようになった中小企業の活動が本格的に活発化することになる＝日本全体で景気回復の定着化

このフローチャートからわかることは、日本経済は⑵の段階ですでに円安が生じはじめ、⑻の段階でデフレから脱却して、⑼で起こる企業への銀行貸出の増加は逆に、デフレ脱却の後に起こるということです。

デフレから脱却した後で、銀行の企業への貸出が増加するのはなぜでしょうか？

銀行にとって株式取引や為替取引は、もし読みが甘く失敗したとしても、すぐに資金を引き上げることで、損失を最小限に食い止められる類《たぐい》の投資です。しかし、企業への貸出は、一度行なってしまうと、もしそれが不良債権化してしまえば、その資金をかんたんに引き上げることができないというリスクを負うことになりかねない類の投資なのです。

予想インフレ率の上昇が起こったと銀行が感じた時、その予想がまだ不確かな段階では、銀行はまず、すぐに資金を回収することもできる株式市場や為替市場での運用を拡大させるでしょう。そして、予想インフレ率の上昇に確信を得たら――言い換えれば、日銀の量的緩和が本気であるという確信を得たら――銀行はますます株式市場と為替市場での運用を増やします。その結果起きる円安と株高のダブルサプライズが日本経済全体を温めていきます。

しかし、銀行が企業への貸出増加に動きだすのは、もっと後のことです。

このことは、お金を借りる側の企業の立場から見ると理解しやすいでしょう。企業は長引く不況の中で、コスト削減に邁進《まいしん》してきました。だから、少々景気が回復したからといって、即座に銀行から資金を借り入れ、設備投資などを拡大しようとは思わないでしょう。予想インフレ率の上昇について確信を得るまで、言い換えれば、自社の業績が上昇しつづけるだろうという確信を得るまでは、リスクの高い銀行借入には手を出さず、まずは自己資金の範囲内でやりくりするはずです。やはりここでも、企業への貸出の拡大は、日本の景気が本格的に回復しはじめ、予想インフレ率の上昇が定着して以降になるということなのです。

よって、先の「量的緩和はデフレ脱却には無効」説、すなわち「量的緩和政策がデフレと円高の脱却をもたらすメカニズムは、銀行が一般の企業への貸出を拡大するという経路しかない」という説は間違っているということになります。そして、量的緩和によるマネタリーベースの拡大自体が、予想インフレ率を上昇させる効果を持っているということになるのです。

昭和恐慌からの脱出

ところで、日本がデフレと円高型の不況に陥っていたのは、近年だけではありません。1

図表21　昭和恐慌期、大規模金融緩和政策前後の経済指標の動き（半期ベース）

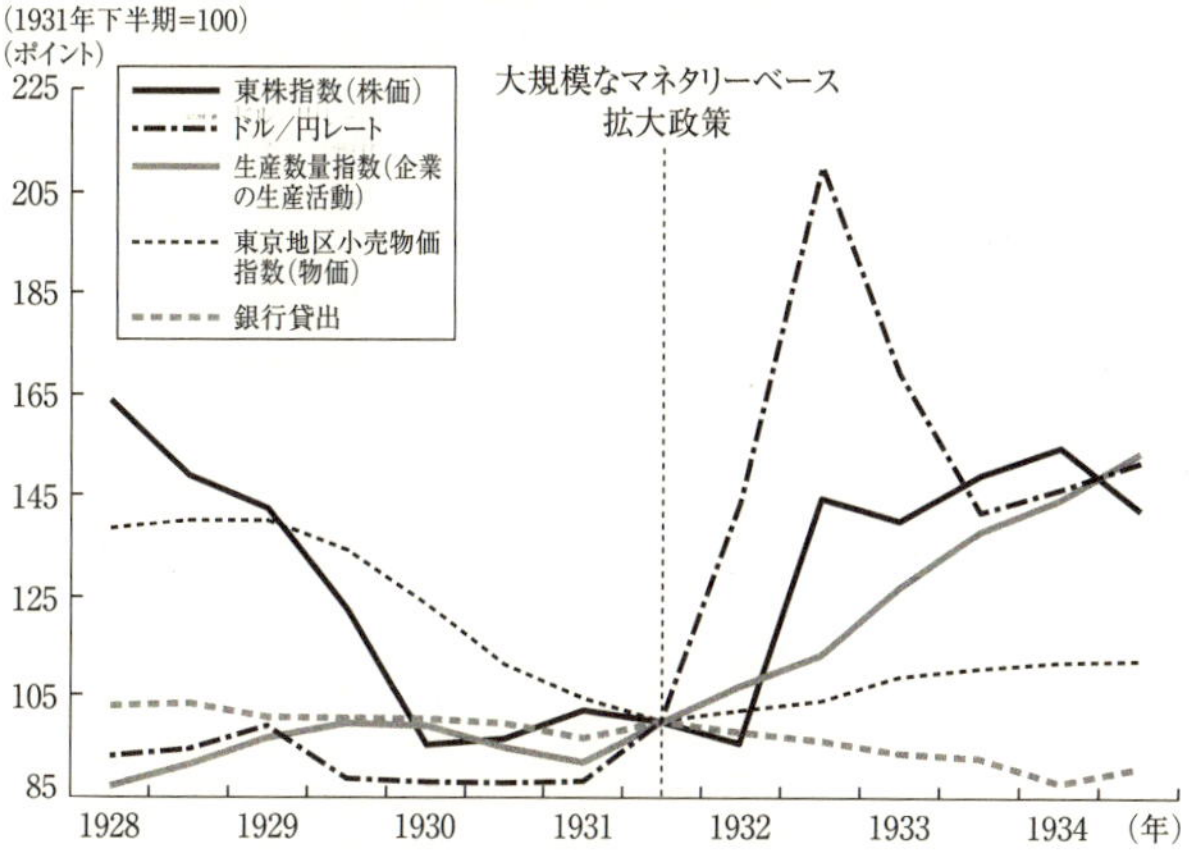

出所：日本金融の計量分析（藤野正三郎）、日本長期統計総覧等より筆者作成

９２０年代後半に発生した昭和恐慌も、現在の日本の不況と同じく、物価の下落と成長率の低迷が同時に生じるデフレ型の不況でした。

１９３１年12月、深刻さを増す経済状況の中、大蔵大臣（現在の財務大臣）に就任した高橋是清《これきよ》は、日銀を指導し、大規模なマネタリーベースを拡大する２段階にわたっての金融緩和政策を即座に発動しました。その結果起こったことを、図表21にまとめてみました。

この図からわかることは、株価の大反発と、大幅な円安、企業の生産活動の増加は、日銀による大規模な金融政策によって即時に起こり、そして銀行貸出の増加は、それらの指標の回復から３～４年遅れで実現したということです。

つまり昭和恐慌という名のデフレ・円高型の不況から脱出する際、当時の日銀によるマネタリーベース拡大政策の結果生じた予想インフレ率の上昇は、190〜192ページのフローチャートのように、即座に株価の反転と円高阻止をもたらし、デフレからの脱却を成功させ、そして生産の拡大と日本経済の復活をもたらしたのです。

いや、そもそも昭和恐慌期の日本の金融政策の例を挙げるまでもなく、現在の日銀も少額ではあるものの、一応は量的緩和政策を行なっているのです。それは確実に、小規模な円安や株価の反転、そして低いながらもインフレ率の上昇をもたらしました。長引くデフレの中にあって、時に円安局面が存在し、時に株価の上昇が見られる時期があるのはそのためです。

これは、データから確実に確認できることです。つまり、昭和恐慌から脱出する際に効果を発揮した量的緩和による円高阻止・デフレ脱却策は、長い時を経て、いまなお日本経済を救う道として生きているということです。

しかし現在の日銀は、フローチャートの(4)〜(6)の時点――これから日本経済が本格的な回復経路に乗る段階――まで来たところで、なぜかマネタリーベースの拡大を止め、日本をまた不況への道へと押し戻してしまったのです。

日銀総裁の絶大なる権限

現在の白川方明《まさあき》日銀総裁は、２０１１年９月７日付の日本経済新聞の『金融政策批判「明らかに事実に反する」　日銀総裁会見』という記事の中で、次のように語っています。

７日の金融政策決定会合後の記者会見で、政界や財界などから金融緩和が足りないとの批判が出ていることについて、「明らかに事実に反している」と反論した。

同じく、２０１１年11月28日付の日本経済新聞の『日銀総裁、資金供給「先進国として最もアグレッシブ」』という記事の中では、次のように語ったとされています。

金融緩和による市場への資金供給について「日銀は決して金利の面でも量の面でも劣っているとは思わない。先進国として最もアグレッシブ（積極的）に量を供給している中央銀行だと思っている」と語った。

これらを読むと、日本の金融政策を司る日本銀行自身が、「日銀は目一杯まで金融緩和を行なっている。金融緩和は足りているのだから、これ以上の量的緩和は、円高の是正にもデフレ防止にも役立たない」と考えていることがわかります。

しかし、事実は明らかに違います。これまでの量的緩和によって円高が止まらず、デフレも止められなかったのは、量的緩和が効かなかったからではなく、単純にその規模が足りなかっただけなのです。

日本経済の血液ともいえるマネタリーベースの供給は、日本においては、日銀以外の誰にもできないことです。そして現行の日銀法では、総裁の権限は絶大で、首相に罷免《ひめん》権はなく、首相は金融政策についても参考程度に意見を述べることができるだけで、直接指示すらできない状況なのです。

極めて単純な結論

ここまでさまざまなことを述べてきましたが、本書の結論を以下に箇条書きしてみます。

- 円高は日本経済にとって悪である
- 円高は、日米の予想インフレ率の差によってもたらされている

●現在（2011年11月現在）の円高とデフレは、日銀のマネタリーベース供給量が28・8〜78・8兆円程度不足していることから起こっている【注9】
●日米の予想インフレ率の差を縮小するためには、日本銀行が大規模な量的緩和政策（＝マネタリーベース拡大政策）を行なうことが必要
●日本経済復活のためには、日本銀行のマネタリーベース供給量を150兆円〜200兆円程度にする必要がある。
●マネタリーベースを150兆円まで拡大すれば円高は止まり、「1ドル＝95円」までの円安局面が訪れ、日本経済はデフレから脱却し（その時のインフレ率は1・5％程度）、2％の名目経済成長が可能になる
●マネタリーベースを200兆円まで拡大すれば、「1ドル＝115円」までの円安局面が訪れ、日本経済はデフレから脱却し（その時のインフレ率は3％程度）、4％の名目経済成長が訪れ、日本経済は完全復活を遂げることができる

現在、日本の企業や人々を苦しめている円高ならびにデフレを食い止めるには、日銀によるマネタリーベースの供給をさらに増大させることしかありません。具体的には、1ドル＝

95円なら28・8兆円、1ドル＝115円なら78・8兆円のお金を日銀が追加で投入することです。その結果、長らくあきらめていた2％以上の経済成長も夢ではなく、不況がもたらすさまざまな社会問題は解消されるはずです。日本国民は、日銀がしっかりマネタリーベースを供給しているかを、124ページに示したURLのマネタリーベース公表ページから、毎回監視し続ける必要があるでしょう。

日本銀行がデフレ解消をあきらめずに、積極的にマネタリーベースを供給する日を願い、また、政府の関係者や国会議員に、円高は日本経済を衰退させるものであることを理解してもらい、円高解消、デフレ克服のための政策を真剣に考えてもらえる日が来ることを祈りながら、筆を擱《お》くことにします。

【注9】円安のみであれば、アメリカの予想インフレ率が低下するというかたちで生じる可能性もありますが、サブプライム危機以降アメリカの景気も悪く、FRBは果敢に量的緩和政策を行なっているので、アメリカの政策変更によってもたらされる本格的な円安／ドル高局面を望むのは難しいでしょう。

安達誠司（あだちせいじ）
1965年生まれ。東京大学経済学部卒業。大和総研経済調査部、富士投信投資顧問、クレディスイスファーストボストン証券会社経済調査部等を経て、ドイツ証券会社経済調査部シニアエコノミスト。著書に『昭和恐慌の研究』（共著、東洋経済新報社、2004年。日経・経済図書文化賞受賞）、『脱デフレの歴史分析「政策レジーム」転換でたどる近代日本』（藤原書店、2006年。河上肇賞受賞）、『円の足枷 日本経済「完全復活」への道筋』（東洋経済新報社、2007年）、『恐慌脱出 危機克服は歴史に学べ』（東洋経済新報社、2009年）などがある。

円高《えんだか》の正体《しょうたい》

2012年1月20日初版1刷発行
2012年3月25日　6刷発行

著　者 ── 安達誠司
発行者 ── 丸山弘順
装　幀 ── アラン・チャン
印刷所 ── 堀内印刷
製本所 ── ナショナル製本
発行所 ── 株式会社光文社
東京都文京区音羽1-16-6（〒112-8011）
http://www.kobunsha.com/
電　話 ── 編集部03（5395）8289 書籍販売部03（5395）8113
業務部03（5395）8125
メール ── sinsyo@kobunsha.com

 ISBN 978-4-334-03662-1

533
人は上司になるとバカになる
菊原智明

なぜ優秀な先輩、気さくな先輩が、昇進したとたんにイヤな上司に変貌するのか？ その秘密を、彼らへの対処法と共に解き明かす。東レ経営研究所特別顧問・佐々木常夫氏推薦！

978-4-334-03636-2

534
内科医が教える 放射能に負けない体の作り方
土井里紗

放射性物質による低線量被曝、内部被曝の影響をできるだけ少なくするには…？ 食事法、栄養療法、生活習慣、デトックス法など、日常的に実践可能な具体的対策を紹介する。

978-4-334-03637-9

535
ふしぎなふしぎな子どもの物語
ひこ・田中

テレビゲームから、テレビヒーローもの、アニメ、マンガ、児童文学まで、「子どもの物語」を串刺しにして読み解く試み。そこから見えてきた「子どもの物語」の変化とは？

978-4-334-03638-6

536
世界最高のピアニスト
許光俊

心を動かす演奏って何？ 美しい音って何？ まずは聴いてみよう。20世紀以降の名ピアニストたちの演奏を、感じ、悦び、楽しむためのクラシック案内。名演CDリストつき。

978-4-334-03639-3

537
専門医が教える がんで死なない生き方
中川恵一

Dr. 中川が〝がんは遺伝〟〝がん家系〟といった誤解を解き、予防法から治療まで徹底解説。多くの専門医からのアドバイスや放射線の疑問に答えるコラムも充実。〝使える〟一冊。

978-4-334-03640-9

538
「銅メダル英語」をめざせ！
発想を変えれば今すぐ話せる
林則行

英語の成績最下位の著者がトップになり、ＭＢＡ留学を成功させ、世界で活躍する国際金融マンになった最短・最速の実践的上達法を大公開。本邦初、英語嫌いが書いた英語の本。

978-4-334-03641-6

539
宇宙のダークエネルギー
「未知なる力」の謎を解く
土居守　松原隆彦

宇宙の真の姿とは？　最新の宇宙論と天文学が問いかける謎が、いま、大きな注目を集めている。宇宙とは、いかなる存在なのか——。理論と観測の両面から迫る、刺激的な一冊。

978-4-334-03642-3

540
愛着障害
子ども時代を引きずる人々
岡田尊司

いま多くの人が、愛着の問題を抱えている！　人格形成の土台ともいうべき「愛着」を軸に、生きづらさやうつ、依存症などの問題を克服するうえで、新しい知見を提供する。

978-4-334-03643-0

541
もうダマされないための「科学」講義
菊池誠　松永和紀
伊勢田哲治　平川秀幸
飯田泰之＋ＳＹＮＯＤＯＳ編

科学とはなにか？　科学と科学でないものの間は？　科学を上手に使うには？——学校が教えてくれない、科学的な考え方を、稀代の論客たちが講義形式でわかりやすく解説。

978-4-334-03644-7

542
統計・確率思考で世の中のカラクリが分かる
髙橋洋一

「統計数字はウソをつかないが、それを使う人はよくウソをつく」——正しいデータ解析方法や統計のウソを見破る方法を解説。天才・タカハシ先生の問題解決ツールを伝授！

978-4-334-03645-4

543
まじめの罠
勝間和代

「まじめ」を疑ってみませんか? いま、日本社会がこの罠にハマっていると考えると、いろいろな謎を解くことができます。「脱・まじめ」の上手な方法と、そのご利益。

978-4-334-03646-1

544
上野先生、勝手に死なれちゃ困ります
僕らの介護不安に答えてください
上野千鶴子
古市憲寿

『おひとりさまの老後』を残し、東大を退職した上野千鶴子に残された教え子・古市憲寿が待ったをかける。親子の年齢差の2人の対話をきっかけに若者の将来、この国の老後を考える。

978-4-334-03647-8

545
手塚治虫クロニクル
1946〜1967
手塚治虫

'46年のデビューから'67年までの傑作選上巻。「鉄腕アトム」「ジャングル大帝」など代表作とともに若き日の初々しい作品が味わえる。'68年以降の下巻に続く。

978-4-334-03648-5

546
個人美術館の愉しみ
赤瀬川原平

個人美術館とは、一人の作家だけの美術館と、一人のコレクターによって作り上げられた美術館のこと。日本全国にある、魅力ある個人美術館を厳選。赤瀬川さんが紡ぐ46の物語。

978-4-334-03649-2

547
官僚を国民のために働かせる法
古賀茂明

官僚よ、省益ばかり優先したり、天下りポストの確保に奔走せずに今こそ「公僕意識」を取り戻せ!――霞が関を去った改革派官僚の旗手が満を持して立言する、日本再生の真の処方箋。

978-4-334-03650-8

548
男の一日一作法
小笠原敬承斎

相手を思う気持ちを先（遠く）へ先へと馳せることで、おのずとふるまいは美しくなる。この「遠慮」のこころを、訪問、食事、冠婚葬祭、服装、行動など、日常の作法を通して身につける。

978-4-334-03651-5

549
泣きたくないなら労働法
佐藤広一

働く人を守る法律・労働法には、知って得する情報が詰まっています。経営者も、労働者も、不安な時代に泣き寝入りしないための、ポイントを押さえたコンパクトな労働法入門。

978-4-334-03652-2

550
1勝100敗！ あるキャリア官僚の転職記
大学教授公募の裏側
中野雅至

倍率数百倍の公募突破に必要なのは、コネ？ 実力？ それとも運？ 本邦初、大学教員公募の実態をセキララに描く。非東大卒キャリア官僚による、トホホ公募奮戦記。

978-4-334-03653-9

551
手塚治虫クロニクル 1968～1989
手塚治虫

'68年～'89年の傑作選〝下巻〟。「ブラック・ジャック」「アドルフに告ぐ」や、絶筆となった「ルードウィヒ・B」を収録した豪華な一冊。上巻と合わせてテヅカがまる分かり！

978-4-334-03654-6

552
エリック・クラプトン
大友博

英国生まれの白人でありながらブルースを追い求め、多くの名作を残してきたクラプトン。長年取材を重ねてきた著者が、伝説のギタリストの実像と、その音楽世界の魅力に迫る。

978-4-334-03655-3

553
下流社会　第3章
オヤジ系女子の時代

三浦展

映画鑑賞よりお寺めぐり、イタリアンより居酒屋に誘われたい、影響を受けやすいのは彼の趣味より父親の趣味……。そんな男性化した女子の趣味・関心から、消費社会を分析する。

978-4-334-03656-0

554
「ヤミツキ」の力

廣中直行　遠藤智樹

やみつきとは元来は病だが、アスリートの巧みな動きや職人の技などはやみつきの賜物とも言える。本書ではやみつきを前向きに捉え、最新の科学からその可能性に迫る！

978-4-334-03657-7

555
新書で名著をモノにする
平家物語

長山靖生

無常と普遍、栄光と没落――人間のたくましさ、バカさを学ぶ最高のテキストを、末世のような現代に読み直す試み。登場人物を立場・身分に分け、その心の動きを眺めつつ読み解く。

978-4-334-03658-4

556
西洋音楽論
クラシックに狂気を聴け

森本恭正

日本におけるクラシック音楽の占める位置は何処にあるのか。クラシック音楽の本質とは何か。作曲家・指揮者としてヨーロッパで活躍してきた著者が考える、西洋音楽の本質。

978-4-334-03659-1

557
ご老人は謎だらけ
老年行動学が解き明かす

佐藤眞一

なぜキレやすい？　なぜいつまでも運転したがる？　なぜ妻と死別した夫は再婚したがる？――一見「わけのわからない」老人の心理・行動を、老年行動学の第一人者が解明する！

978-4-334-03660-7

558
官邸から見た原発事故の真実
これから始まる真の危機
田坂広志

事故直後の3月29日から5か月と5日間、内閣官房参与を務めた原子力工学の専門家が、緊急事態において直面した現実と、極限状況で求められた判断とは？　緊急出版！

978-4-334-03661-4

559
円高の正体
安達誠司

日本の景気を悪くしている2つの現象「円高」と「デフレ」。なぜ、この流れは止められないのか？　ニュースや専門家の解説では見えにくい経済現象の仕組みを一冊でスッキリ解説。

978-4-334-03662-1

560
IFRSの会計
「国際会計基準」の潮流を読む
深見浩一郎

会計の形が大きく変わる――。現在、会計のボーダーレス化が世界で進んでいる。企業会計の問題とは？「基準を制する者が世界を制する」。EU・アメリカの思惑と日本の選択肢。

978-4-334-03663-8

561
アホ大学のバカ学生
グローバル人材と就活迷子のあいだ
石渡嶺司　山内太地

ツイッターでカンニング自慢をしてしまう学生から、グローバル人材問題まで、日本の大学・大学生・就活の最新事情を掘り下げる。廃校・募集停止時代の大学「阿鼻叫喚」事情。

978-4-334-03664-5

562
子どもが育つ玄米和食
高取保育園のいのちの食育
西福江　高取保育園

「子どもはお子様ランチに象徴されるような味の濃い食べ物が好き」。そんな固定観念を覆し、大人が驚くほどの本物志向を教え続ける高取保育園。その食理念と実践法を紹介する。

978-4-334-03665-2